ひるむな！ 上司

―二人以上の部下を持つ人のために―

弘兼憲史

祥伝社黄金文庫

帯・本文イラスト
『部長　島耕作』『課長　島耕作』より
（©弘兼憲史／講談社）

編集協力　波乗社

まえがき

激しいリストラのブリザードがいまだ吹きすさぶ時代、いったいどんな人たちが切り捨てられているのだろうか。あるいはこんな時代に、新たに中間管理職になるときには、いったいどんな覚悟が必要になるのだろうか。

去る人は手本にならない。昇進していった人の後のポジションに就《つ》く場合も、前例は踏襲《とうしゅう》できないかもしれない。前例が参考にならない状況の中で、さまざまな理由で先輩や同僚の管理職が辞めていく。表向きの理由は「一身上の都合」だ。

この不況の中、いったいどんな一身上の都合があるというのか。辞めていく人がたとえ同僚であっても聞きづらい。疑心暗鬼《ぎしんあんき》が蔓延《まんえん》する中で、覚悟さえ定まらない。それが「受難」といわれる所以《ゆえん》ではないのだろうか。

いつの時代も「中間管理職」というポジションは辛《つら》いものだ。

しかし、今はそれがはなはだしい。本来なら部下をもち、部下とともにバリバリと仕事をこなす時期だ。

しかし、IT革命により導入された最先端機器の扱いは、あっと言う間に部下の方が慣れてしまう。頭を下げて部下に扱いを聞かなくてはならないことすらある。

「課長、こんなこともできないんすか」と生意気な口をきく部下を叱ると、プィと会社を辞めてしまう。しかもこんなとき、上からは「部下の監督不行《ふゆ》き届き」などと責任を問われる。

帰国子女の部下はバイリンガルで、外国の若いバイヤーと英語で冗談を言い合う。外資系の会社ではないのに、社内文書に英語が強制されたり、課長の昇格試験に突然「TOEICの高得点」が条件づけられたりする。日立製作所は「課長昇進に650点」という新聞報道があった。日本IBMは600点だそうだ（もっともこの流れは今に始まったことではなく、ぼくが松下電器産業に入社した昭和四十五年ごろですら、社長は三ヵ国語をやれと言っていた。正しい日本語と英語、プラスもう一ヵ国語だ。今日の国際化、日本語の乱れからみればその先見《せんけん》の明《めい》には脱帽《だつぼう》するしかない）。

今まではとにかく「和」を保つことが求められてきた。しかし最近は、能力主義だの、結果主義だのと言われる。給料が年俸制になるというウワサもある。下からは突き上げられ、上からは押さえられる。しかも何を頼みの綱《つな》にすればいいのかさえわからなくなってきている。

悲しいことに、自信をなくし、疲れきった中間管理職に大勢出会うようになってしまった。いったいこの人たちになんと声をかけたらいいのだろう。

それでもあえて、「ひるむな」と言いたい。

部下をもつ、人の上に立つというのは、下から見られているということだ。何はさておき、このことだけはいつも意識しておいてほしい。

「ひるむな、君がひるめば部下が動揺する」

あなたは部下に見られている。

上司が少しでもひるめば、大きな波紋となって部下の間に広がる。まず部下のためにひるむなと言いたい。次いで自分のためにひるむなと言おう。

自分で意識するときも多分この順番だ。上からの無理なオーダー、同僚管理職の無言の離職などで、勇気や希望を失いかけたとき、まず部下のためにひるんではいけないと考えてほしい。次いで、自分自身のためにひるまないと思い定める。

ひるまないためにはどうすればいいのか。

ぼくなりに考えた具体的なアドバイスを書いていく。どれもすぐに実践できるような身近な問題について書くつもりだ。

自信は行動の中で取り戻す。この本を読んで少しでも、ひるまずにやってみようかと思っていただければうれしいのだが。

二十一世紀　初頭に

弘《ひろ》兼《かね》憲《けん》史《し》

目 次

2章　部下はあなたのココを見ている

3章 なぜ「いい上司」を目指してはいけないか……115
部下を持ったら心がけるべき事は、一つしかない

4章 成果を上げる上司、上げられない上司 「中間管理職」という生き方が変わる

エピローグ

プロローグ

「年序列」は、もう通用しない

かつて部下をもつ上司に要求されたのは、「経験」だった。年功序列でほとんどの人が上司になるというのは、自らの経験を部下に伝えることが求められたからだ。わからないことは前例を踏まえればいい。

前例踏襲《とうしゅう》と、「自分はこうやった」という経験が、上司の必須《ひっす》要件だったのだ。しかし、個人的な経験はなかなかうまく口では伝えられない。そこで、「黙ってオレについてこい」という上司がステレオタイプになったのだと思う。

しかし考えてみれば「経験」とはかなりあやふやなものだ。入社一〇年も経てば、誰でも経験を積んだと判断される。かつてはそうだった。「そろそろ昇進の時期がきたから、どこかのポジションにあてはめなければならない」。こんな感じで、辞令がおりた。

すでに五年も前からしっかりした能力を身につけている者も、一〇年経った今も能力がついていない者も、部下をもった。実は、年功序列の「功」についてはあまり検討されることがない、「年序列」という言い方が正しいのかもしれない。

部下は上司を選べない。いい上司に就《つ》けばラッキーだが、なんとなく持ち上がった上司の下に就いた者は不幸だ。

威張るわりには仕事ができない。自信がないからすべて前例踏襲、上からのオーダーを部下にまる投げする。ダメ上司の見本になりそうなタイプはいくらでもいる。

上司にも当たり外れがあるというのが、年功序列の大きな欠点といえる。

今は管理職受難の時代と言われている。しかしリストラの対象となっている上司の多くは、典型的な年功序列型上司なのだ。

時代は大きく変わった。今は経験よりも能力が重要視される。「能力」で上司が選ばれる時代になったのだ。

求められるのは、部下に具体的な目標を示せる能力、部下の仕事の評価を論理的に説明できる能力、仕事に関する情報を的確に伝達できる能力などだ。どれも、はっきりした言葉で表現できる。上司がどれだけの能力をもっているか、数字で表わすことさえ始まっている。

客観評価に耐えられなければ、管理職のポジションを失うことも覚悟しなければならない。反面で、結果次第で年齢と関係なく、さらに上のポジションを目指すことも可能になる。

どちらがいいとか悪いとか、議論しても意味がない。より重要なのは、そういう時代になったと認識し、その時代に生き残っていくことだ。いやもっと前向きに、新しい時代に活躍の場を見いだしていくことだ。

時代が後戻りすることはない。これからの管理職に求められるのは、しなやかに新しい環境に適応できる能力なのだと思う。

「目立つ」ことが、なぜ大切か

では、新しい環境に適応できる能力とはいったいなんだろう。

一言で言えば、執着心を捨てることだ。昨日の自分に執着しない、今のポジションにも執着しない、変化し続けることを容認することだ。今の自分に満足しない、変わることにひるんではいけない。ひるまずに自己改革を続けていくということだ。

おそらくこの時代、年功序列型の上司は生き残れない。年功序列型の上司は変わることを恐れるからだ。もちろん変わらないものもあるし、変えてはいけないものもある。

しかしそれも、日々自分が変化するということが前提になる。変わる自分がいるからこそ、変えてはならない自分が存在する。こう書くと何やら禅問答《ぜんもんどう》のようになる。しかし難しいことを言おうとしているのではない。

徹底した自己改革さえ続けていれば、どの時代にも活躍の場はあるということなのだ。年功序列型の管理職も、変わることを恐れず、ひるまずに自己改革を進めれば、そこに生き延びるチャンスは生まれる。

もっとわかりやすく言おう。これからは「出る杭《くい》」になればいい。日本と同じようにアメリカにも「出る杭は打たれる」ということわざがあるそうだ。ただし、意味は日本とは正反対。日本では、だから出るなと教える。目立つな、みんなと同じ高さにいろ。でしゃばるな。

しかし、アメリカ流では違う。目立て、目立てばたたかれて鍛《きた》えられる。出る杭は打ってもらえる。能力があるなら隠すな、みんなと同じことをするな。

アメリカの母親は子どもにこう言って聞かせるそうだ。「あなたはあなたよ、なぜ隣のジョンといっしょじゃなくちゃいけないの?」。そう、他人と同じである必要はない。あなたの能力はあなただけのものだ。

自己改革を続けて、常に今使える能力を身につけておく、明日使える能力を備《そな》えておく。じゃまになった昨日の能力は捨ててしまう。こうしたうえで、出る杭になる。出る杭になって、打たれることを恐れない。人間は鍛えられて強くなるのだ。

ひるむな上司、ひるまずに突き進んで、自らの将来を切り開いてほしい。そんな思いを込めて書き進めてみる。

1章　部下はどんな上司を欲しているか？

——変えるべきものと、変えてはいけないもの

こんな時「ケツをまくる」ことができるか

本能寺《ほんのうじ》の変《へん》を起こし、一度は天下を取ったものの「三日天下《みつかてんか》」に終わってしまった戦国時代の武将の明智光秀《あけちみつひで》。彼の性格をうまく言い当てた評がある。「やや身をかばうふうがある」。たぶん、安国寺恵瓊《あんこくじえけい》禅師だったと思う。光秀の線の細さを見事に言い表わしている。このように他人から見られるというのは、リーダーにとっては致命的《ちめいてき》な欠陥《けつかん》だ。「リーダーは最後には逃げるかもしれない」。部下にそんなふうに見られたら、自分のやりたい仕事はできない。みんなで勇ましく進むときは後ろの方にいてもいい。ただ撤退するときは最後まで踏みとどまって部下を逃がす。これが現場のリーダーだ。

人間の価値はピンチのときに表われる。部下を前にして酒を飲むとき、「思い切り仕事をしろ、失敗したらオレが責任をとってやる」と、威勢《いせい》のいいことを言う上司がいる。放任主義で、自由に仕事をやらせてくれる。

あるとき、イベントで使ったモデルの金銭トラブルで、モデル事務所から呼び出しを受けた。裏の世界に通じていそうな、こわもてのする社長の事務所だ。契約上の細かい問題で先方が因縁《いんねん》をつけているというような状態だ。

部下は、信頼している課長に同行を求めた。課内には、こわそうな事務所が面倒なことを言ってきていると知れ渡っている。課のみんなは、課長がどう裁《さば》いてくれるか期待を込めて見守っていた。意外なことに課長は、しぶしぶといった表情でついていったそうだ。

そして、事務所のあるビルの前に来たとき、部下にこう言った。「おまえ一人で行け」。そう言って、さっさと帰ってしまったのだそうだ。こういうのを古い言葉で、敵前逃亡という。軍隊の規則の中では絶対にやってはいけないこととされ、銃殺刑に処《しょ》せられる。

部下は事務所で監禁状態におかれたという。会社に逃げ帰った課長のもとに事務所から電話がかかってくる。電話口ですごまれて、しぶしぶ言い値で金を払うことになった。解放された部下に対して、課長はこう言ったそうだ。「当初予算よりかなり増えてしまった。

これは君の契約ミスだからな」

身をかばう性格であることが、全員に知れ渡ってしまい、一度に信用をなくしてしまった。

これ以降、新入社員が入ってくるたびに、陰で「あの課長が何を言っても信じるな。実はこういうことがあった」とささやかれるようになったそうだ。

たった一度でもこんなことがあると、「部下を見捨てて逃げた課長」という烙印《らくいん》がついてまわる。このことのこわさは管理職なら誰でもわかるはずだ。

考えようによっては、事務所に乗り込むよりこわい。片方の恐怖はせいぜい数時間だが、もう一方は一生だ。

こわい人のいる事務所に乗り込んでいくのは誰だってこわい。だが、それによって部下の信頼が勝ち取れる。失敗したら責任はとってやるという発言を実証できる大きなチャンスになる。そう腹を据《す》えて肝試《きもだめ》しに行くような気持ちで乗り込むしかない。

こういうときは、前に出るしかないのだ。部下の前では誰でもいいかっこうをしたくなる。物分かりのいい上司を演じたがる。その気持ちはよくわかる。自分を良く見せたいというのは、悪いことではない。でも、演じるなら、最後までだ。

私が直接乗りこんで話をしてくるしかないだろう

「責任はオレがとる」と言ったら、とるのだ。でも、ぼくなら放任主義はとらない。部下に自由にやらせるというのと、放っておくというのはわけが違う。要所要所では、どうなってるのか必ず確認する。間違った方向に進んでいれば、軌道《きどう》修正する。迷っていれば、アドバイスする。そういうケアをしてこそ、最後に責任がとれる。

では、責任をとるとは具体的にどうすることだろう。

部下の失敗を自分の失敗として謝りに行くことだ。お得意さんにも、部長にも謝る。それによって部下が「救われた」と思えるように対処する。それが責任をとるということだ。

逆に部下が手柄をたてたときはどうか。

手柄は部下のものとして丸ごと渡してしまう。難しいことではある。だが、その難しいことを当たり前のようにこなすのが管理職だ。上司が後ろでしっかり見ていてくれる。いざというときは守ってくれる。そう思えれば部下は思い切り仕事ができる。

部下が思い切り仕事ができれば、チームとしてさらに大きな仕事もできるようになる。そこに喜びを見いだす。それが現場をあずかる指揮官の楽しみではないのか。口は災《わざわ》いのもとという。ふだんからあまり大言壮語《たいげんそうご》はしない方がいい。

いざというときには部下をかばって一歩もひかない。これは言葉ではなくて態度で示すものだ。

人間とは不思議なもので、大言壮語していると、いざというときに逃げ腰になってしまう。口に出さずに心の中で「最後まで逃げずに責任をとる」と思い定めていると、いざというとき、体の方がスッと前に動くものなのだ。

自己啓発費「四〇〇〇円」の上司は落ちこぼれる

旧労働省の調査では、サラリーマンが自己啓発にかける費用は、「一万円以上五万円未満」ということになっているそうだ。一カ月なら、そんなものかと納得できる。しかしこの数値は年間の金額だ。月に直すと八三三円から四一六七円未満。自己啓発とは言いづらい金額になってしまう。自らの能力を過信してはならない。部下に能力の向上を求めるなら、自分にもそれを求めなくてはならない。ぼくの経験から言えば、自ら伸びようとする者が、伸びる者を手助けできる。そして自らの能力の向上のためには投資が必要なのである。

多少きつい言い方になるかもしれない。しかし本気で自己啓発に取り組めない管理職は、どこかで落ちこぼれる。時代はいつも変化している。変化に対応するためには自分自身を変えていく必要がある。

しかし、多くの管理職の人たちは、その必要性を痛感していないのではないのだろうか。たとえば、ビジネス英会話もそこそこ、パソコンもそこそこできるとしよう。これらを道具にして、忙しく働いているとする。時代にはついていっていると思えるはずだ。こういう管理職の自己啓発費が月四〇〇〇円そこそこということになるのではないのか。

しかし、この「そこそこ」はクセ者だ。そこそこできればいいと思っていると、ある程度のところで自己満足してしまう。自己啓発はそこで終わる。

そこそこできるというのは、やっと時代についていっている状態だ。ビジネス英会話も、パソコンも、道具としては素人《しろうと》が日曜大工に使う程度のものということになるだろう。プロならばプロの道具をもった方がいい。多少高くても、その方が得になる。

プロとしての道具の持ち方にはいくつかの方法があるだろう。たとえば、ビジネス英会話も単なる道具ではなく、自分をアピールする武器として使えるぐらいにまで高めるという方法がある。あるいは、これらの道具は日常の業務の中で使いこなし、手になじんだもので良しとしてとどめる。その代わり、大学でマネジメントを学ぶとか、企業法学を勉強してみるなど、新しい武器を手に入れる努力をしてみる方法もある。

今、大学はビジネスマン向けにさまざまな夜間講座を開いている。学生時代に経済学を専攻したのなら、法学に取り組んでみる、あるいは経済学の修士課程を目指すなど、選択肢《し》はいろいろある。

大切なのは、今の自分に満足しないということなのだ。

ここで再び金の話に戻る。ぼくは気軽な気持ちで、道具を武器に変えるとか、夜間大学に通ったらなどと言っているわけではない。それどころか、管理職、それも中間管理職が経済的には一番苦しいところにあることはよく知っているつもりだ。

さまざまな手当がなくなる一方で、つき合いで出て行くポケットマネーは多くなる。結婚していれば、子どもにも金がかかる。

にもかかわらず、自己啓発のために資金を投入しようと言っているのだ。

ずばり聞こう。あなたは今の自分の仕事にマンネリを感じることはないだろうか。あるいは、このままでいいのだろうかと焦りを感じることはないだろうか。

どちらも、仕事がそこそこできるようになると感じるものなのだ。同時にこれは、今の殻《から》を破って、もっと大きくなりたいというサインでもある。片方では居心地の悪さ、窮屈《きゅうくつ》さを感じている。しかしもう一方では、そこそこやっていられればいいじゃないかという現状維持の考えも生まれる。

伸びようとする自分と、楽に生きようという自分。それがせめぎ合う時期に差しかかっているといってもいい。これがサラリーマン生活の中で、資金的に苦しい時期といっしょにくる。

そこで誰にもこんな考えが浮かぶ。「自己啓発は必要だし、やってみたい。でもそれはもう少しゆとりができてからにしよう」。ニュアンスとしてはこんなものだろう。やりたいけれど、時期じゃない。これが問題なのだ。

たぶん今のあなたは、ぬるま湯の中にどっぷりと首まで浸《つ》かって、どうしようか思案しているような状態だ。

意を決して出られるかどうかが問題なのだ。自己啓発に取り組めば生活は厳しくなる。だからやるのだ。余裕をもって先行投資をするのではない。苦しい中で真剣に考えて先行投資をする。資金をやりくりし、時間をやりくりして自分を伸ばそうとする。だからこそ本当に伸びると言えないだろうか。あなたがひたむきに自己啓発に取り組む姿は、部下にも好影響を与える。部下のやる気は、上司のやる気を受けて起きるものだというぐらいに考えておいてもいいだろう。

「目から鱗《うろこ》！」の数が勝負を決する

生き残れる上司と生き残れない上司。その差を決めるものはなんだろう。ずっとつきつめていくと、好奇心ということになると思う。それもそこそこの好奇心ではなく、極めて旺盛な好奇心だ。あるいはこの見方は違っているかもしれない。旺盛な好奇心をもっている管理職もリストラの対象になることはあるだろう。しかし、そういう会社そのものが生き残れないということにならないだろうか。意欲とかやる気というのは、煎《せん》じ詰めていけば、好奇心と責任感という要素から成っていると思う。旺盛な好奇心があれば、おもしろがって、知らない分野に取り組んでいけるではないか。

ことわざに「聞くは一時の恥」というのがある。「聞かぬは末代《まつだい》の恥」と続くのだが、このことわざはこちらの方が大切だ。ぼくは知らないことを聞くのは少しも恥とは思わない。恥とは知ったかぶりをして聞かないことだ。

いや、知らないことを聞かないのはもったいないと思う。こういう感覚に理屈はない。「知らねばならない」とか、「知るとこんな利点がある」というのとは少し違う。小さい子が「なんで、なんで」と繰り返す。あの感覚に似ていなくもない。

おもしろいから知りたい。でもひとつのことがわかると次の疑問が出てくる。「なんでそうなるの?」で、また知りたくなる。これの繰り返しだ。

そう考えていくと、知ったという結果より、知りたいという欲求の方が大きいのかもしれない。つまりこれが好奇心だ。

自慢じゃないが、ぼくはかなり好奇心が強い。だから生き残れる管理職の原点は好奇心だ、などというのは「我田引水《がでんいんすい》」的な要素をもっている。ただし、好奇心はもっていて損にはならない。

それどころか楽しく仕事をし、世の中を楽しく生きるための必須アイテムだと思っている。『部長　島耕作』は、かなり取材をして描いたものだ。島耕作に限らず、ぼくの描くものに取材は欠かせない。だからときどき「忙しいのによくそんな時間がとれますね」と聞かれる。

たしかに自分でもそう思う。取材が嫌いだったらできないだろう。どんなに疲れていても、徹夜明けだったとしても、人に会っておもしろい話が聞けると思うと、出掛けたくなる。ビジネスマンものを描いていても、ぼくはビジネスマンではない。だからどんなことでも恥ずかしがらずに話が聞ける。

いろいろな人の話を聞いていると、つくづく思うことがある。世の中にはぼくの知らないことがいっぱいあるということだ。そんなことは当たり前だと言われるだろう。その当たり前のことを日々確認する。そうすると、自分の存在なり大きさのようなものが自《おの》ずと見えてくる。

好奇心は等身大の自分を見せてくれるとも言える。この歳になるまで勘違いしていたことに気づかされたりもする。

目から鱗《うろこ》が落ちるという言い方がある。真理がわかって見通しがきくようになるということだ。

目についている鱗は一枚ではない。わかったつもりになっていても、再び「ああそうか」と得心《とくしん》することがある。そこでまた一枚鱗が落ちる。

これは快感だし、クセになる。

管理職だから何でも知っていなくてはならないということではないと思う。上司はスーパーマンではないのだ。ぼくなら、むしろ知らないことを知らないと言える上司の方を信頼する。

「そうか、それは知らなかったな、詳しく教えてくれないか」。そんなことを部下に言えるのは、好奇心をもって伸びようとする上司の証《あか》しだ。知ったかぶりをしたり、あいまいな態度でごまかしたりするよりはよほどいい。

これからの時代に求められる上司は、個性派ぞろいの部下を上手に束《たば》ね、力をひとつの方向にまとめあげることだろう。パソコンが得意な部下にはパソコンについて聞けばいい。「なるほど、そんな裏ワザもあるのか」と興味がわけば、自分の仕事に生かしていける。つまり部下から取材するのだ。

知りたいことは取材する、わからないことは相談する。こうして情報を的確につかんだうえで、方向を打ち出す。大切なのは、方向を示すことなのだ。そのための材料は多ければ多いほどいい。

材料を集めるのは恥ずかしいことではない。

誰にも相談せず、聞きもせず、自分一人で考えて方向を打ち出すという時代ではなくなっているのではないだろうか。

「とりあえず白紙」に戻しているか

少し前までの新任管理職のあいさつには、これだけは欠かせないという要素がひとつだけあった。「前任者の手法を踏襲《とうしゅう》してやっていきます」。このことだけが、前任者に伝わり、部下に伝わればみな安心した。世の中がゆっくりしたテンポで進んでいるときならこれでもよかった。しかし、今はこれでは通用しない。今はむしろ前例がないからやってみる時代だ。激しい変化は前例踏襲では乗り切れない。つまり、今までの上司のやり方は手本にはならないということになる。何を受け継いで、どこを変えるのか。取捨選択《しゅしゃせんたく》の能力が問われるのではないだろうか。

「思い切って変えていかなくてはならないもの」とは何か。それは前例踏襲主義だ。

この主義は、みんなが順繰《じゅんぐ》りに管理職になっていく時代にのみ有効だった古い体質だ。目立った成功は期待できない。しかし失敗についてはほとんど恐れなくていいようなシステムと言える。

大きな失敗を犯さず、誰もが次のステップに向けての通過点として安心して過ごせるようになっている。それが前例踏襲主義だ。このシステムの最大の欠陥《けっかん》は、失敗に関する責任の所在があいまいになるという点だ。前任者も前前任者もその前も、同じことをしている。自分の順番でたまたまうまくいかなくても、責任をとる必要はない。

あるいはトカゲの尻尾《しっぽ》切りのようにして詰《つ》め腹《ばら》を切らされても、「気の毒に、交通事故にあったようなものだな」ですまされてしまう。これでは、どこが間違っていたのか原因の究明《きゅうめい》もできない。

しかしこれからは、誰もが管理職になれるという時代ではなくなっていく。その能力があるものが管理職になり、個性をいかんなく発揮して部下を束ねていくということになる。成功をおさめれば次にステップアップできる。しかし失敗すればその地位にとどまるか、最悪の場合、職を解かれる可能性もある。

かなりリスキーなポジションということになる。前例踏襲などと悠長《ゆうちょう》なことは言っていられない。

だから、たとえあなたの前任者がバリバリのやり手で、あなたを後任に据《す》えて自分はステップアップしていったとしても、「前任者のやり方を踏襲して……」などというようなあいさつをしてはいけない。

とりあえず白紙に戻して、どうチームをつくっていくか考えた方がいいだろう。そのうえで、必要なものは採用すればいい。結果的に、八割は前と変わらないということになってもいい。

それはあなたが自分の意思で選択した手法だからだ。

あなたの会社がいまだに前例踏襲主義をとっているとしよう。その流れの中で、あなたに管理職の順番がまわってきた。このような状況で、いきなり「白紙に戻して」とは言えないだろう。

それはそれでいい。この場合は、前例を踏襲しつつ、二割は新味《しんみ》を加えることだ。そして、できるだけ早く古い体質と決別できるよう改革を行なっていくことだ。

自分にかかるリスクを恐れずに変化に取り組める、それが新しい時代に求められる管理職だと思う。

「前例がないからやってみる価値がある」。そんなことを自ら実践し、部下にも勧《すす》めるような上司であってほしい。おそらく、まだ日本の経営感覚のなかには、前例踏襲主義という分厚い大きな壁が残っている。

ひとつひとつに立ち向かって、壊していくしかない。どうやって壊していくのか。やり方はそう難しいことではない。

「責任はとりますからやらせてみてください」と言い切ることだ。リスクを計算し、周《しゅう》到《とう》な準備をして自信をもってそう言い切る。そんな上司がこれからの理想像ということになるのかもしれない。

あなたはそんなことが言えるだろうか。いざやろうとなるとなかなか難しいのはよくわかる。つまり、これまでは責任をとる、リスクを背負って仕事をするという前例がなかったのだ。

この意味でも、手本となる上司はいないと言えるだろう。あなたが理想の上司になるしかないのだ。

「怪しい伝票」は問うべきか、黙ってハンを押すべきか

部下に接する上司が、基本にしてほしいことがある。それは性善説《せいぜんせつ》だ。すべての人間は生まれながらにして善《よ》い性質をもっている。根っから悪い人間はいない。これを基本にするだけで部下とはうまくつき合える。反抗的な部下がいても根は善い人間なのだと思えば、つき合い方の工夫ができる。問題を部下のせいにせず、自分の問題として対処できる。性善説の最大のメリットは実はここにある。「あいつは悪人だ」などと決めつけてしまえば、いっしょに仕事をするのもいやになる。そう考えるのは、上司としての責任を放棄するのに等しい。

部下から出される伝票をチェックもせずにハンを押す。こういう上司は、部下にとってはいい上司とされる。でも本当にそうだろうか。ぼくには部下を信用しているいい上司にも見えるし、部下に迎合しているだけの上司にも見える。

たしかに部下を信用していれば、いちいち細かい伝票チェックなどしなくてすむだろう。部下もあまり変な伝票は出さないだろうし、仮に上からクレームがきたとしても、上司の裁量《さいりょう》で、処理できる。上司と部下の間の、しっかりした信頼関係の現われとみることができる。

しかし、部下を信用していなくても右から左にハンを押すことはできるのだ。ポンポンとハンを押しても自分の懐《ふところ》は痛まない。これでは政治家が人気取りのためにする、予算のばらまきと変わらない。

つまり、ポンポンとハンを押している姿を外から見るだけでは、一概《いちがい》にいい上司とは言えないということだ。外見や行為に惑《まど》わされない方がいい。それぞれのやり方があるということなのだ。

部下の評判を気にして、ろくにチェックもせずにハンを押す上司がいい上司とは、ぼくには思えない。怪しげな伝票を出されたら、チェックをすることも必要だ。ここで性善説が役に立つ。悪い人間などいないのだ。上司をだましてやろうと思って伝票を書く部下はいない。だから、わからないところがあれば聞けばいいのだ。

「このタクシー代は結構高いけど、どうしてだい」。接待したお得意さんを送って行ったら終電に間に合わなくなってしまったなどと、理由を話してくれるだろう。筋が通っていればハンを押す。「それは大変だったね」などと、ねぎらいの言葉もかける。

自分の金ではないのだからこそ、納得できない金は出せない。これは当然のことだ。逆に筋が通れば、金額の多寡《たか》は問わない。そんなスタンスが部下にわかってもらえればいいのではないのか。

こうしたやりとりを聞いて、もう一人の部下が頭をかきながら、高いタクシー代の伝票をもってきた。「お得意さんと飲んでいて、終電がなくなってしまったので……」

こういうとき上司の判断は難しい。前のケースでは、部下が話す理由に筋が通っているとあなたが判断できたとする。

しかしこのケースはちょっと事情が異なる。あなたのなかには、「そんなお得意さんがいただろうか」とか、「そういえばこの前遅くまで残業していたな」など、疑念《ぎねん》がわく。

こんなとき、ほかの部下はあなたがどういう判断を下すか、聞き耳をたてているはずだ。

まず、やらない方がいい対応から書こう。

「お得意さんていったい誰だ。いつ接待したのだ」

こんな聞き方をするとこの部下は、自分は信用されていないのかと不信感をもつ。さらに、「この前残業してたから、そのときタクシーで帰ったんじゃないのか」などと、憶測《おくそく》を加えると、不信感は決定的なものになる。

ぼくならたぶん、そんなことはしない。この部下も、とにかく高いタクシー代を立て替え払いしているのだ。

部下がお得意さんを接待したというなら、それを信じる。そのうえで、「今回は出そう。でも、終電がなくなるまで接待することはないよ。君も大変だし、お得意さんにも次の日の予定があるはずだ」というようなことを言うと思う。

前例をつくらない。一回一回自分で判断する。限りなく灰色でも一回は許す。そんなことが一応の基準になるのではないだろうか。

「言われたことだけをきちんとやる部下」が一番危ない

チームで動こうとするときに見られる、典型的な三つの行動パターンがある。やるべきことを理解していて積極的にチームを引っ張るタイプ。とにかく言われたことだけはちゃんとやろうとするタイプ。できればやりたくないと思っていて、やたらに不満を述べ立ててチームの足を引っ張るタイプ。一見すると、チームをまとめるうえで一番やっかいなのは、三番目のタイプのように見える。しかしぼくはそう思わない。不満があると言ってくれれば、それを解消する方法を考えることができる。実はやっかいなのは、言われたことだけきちんとやるというタイプだ。チームが抱える不満の芽はここにひそんでいる。

上司がつける評価で、部下の報酬が左右される時代だ。不満を抱えた部下のケアは上司の親切心から行なうものという考え方は通用しなくなりつつある。不満の原因は上司がつくりだしているかもしれないのだ。

仕事に対する客観的な評価をしてもらえない、提案をきいてもらえない、えこひいきがある、これらはみな上司がつくりだしているといえる。

非常に有能な女性社員がいた。しかし彼女の上司は、最後に頼りになるのは男性社員だと考える古いタイプだった。彼女は会議でも積極的に発言し、提案したが無視される。やがて彼女は、上司のやり方に不満をもらすようになった。

ある日上司は「オレのやり方が気に入らなければ会社を辞めろ」と彼女を怒鳴りつけた。彼女は、「申し訳ありませんでした」と頭を下げた。これ以降、言われたことだけを言われたようにしかやらなくなってしまった。

それでもこの上司は、「ガツンと言ったのでだいぶ薬が効《き》いている」という程度にしかみていなかった。やがて彼女は転職していった。外資系のライバル企業だ。彼女はここでみるみる頭角《とうかく》を現わし、次々にヒット商品を開発していった。

それでもこの上司は、「彼女が今活躍しているのは自分が厳しく育てたからだ」と言っているそうだ。口では威勢のいいことを言っている。しかし社内では、「あれほどはっきりしていた部下の能力を見極められなかった」と評判になっている。

なにしろ、彼女が生み出しているヒット商品は、元いた会社の会議で彼女が提案し、採用されなかったものがベースになっているのだ。この上司に、部下を見る目、育てる能力が欠けていたと言われても仕方ない。

この話には、部下の不満を見分けるいくつかのヒントが含まれている。

まず第一は、上司が性差別はもちろん、学歴差別、人種差別など、差別意識をもっていないかということだ。いわれのない差別感情は、不満を生み出す温床《おんしょう》になる。上司に差別感情があると、差別に根差《ねざ》す部下の不満は見分けられない。

第二は、ものを言わなくなった部下を注意深く見守るということだ。「言ってもわかってもらえない」と思うと、人はものを言わなくなる。それでも、上司ににらまれれば、厳しい査定《さてい》を受ける。部下に残された道は、言われたことを言われたようにやることだ。見方を変えれば、上司が部下をそこに追い込んだということもできる。もし仮に上司が「黙ってオレについてこい」と言えば、部下は黙り込むしかない。

これが、部下の不満を見分ける第三のヒントになる。自信をもった上司が暴君《ぼうくん》のごとくふるまうと、部下の間に不満が広がる。最近部下があまりものを言わなくなった。会議をしても以前ほど活発に意見が出ない。

こんなときふと気づくと、自分が終始しゃべり続けているということがある。実はこれは、上司が自信をもって仕事をしているときに陥りやすいワナなのだ。

部下が口を挟《はさ》む余地がないくらいにどんどんと事を進めていく。こんなとき部下は、自分たちは上司の手足となって動いているだけではないのかと感じる。これも不満を生むひとつの要因になる。

まとめの意味で、最後に逆説的なことを書いておこう。部下に不満があるかどうか見分ける手っ取り早い方法がある。

それは部下に聞いてみるのだ。「何か不満があるかい」。「いいえありません、満足しています」と言われたら、部下は不満をもっている。

「はい、ひとつだけあります」と言われたら、あなたと部下の関係はまずまずうまくいっている。

不満はあって当たり前なのだ。それを言える雰囲気があるか、ないか。そこだけが重要なのだとぼくは思う。

部下は「公平に」扱うのではなく、「公正に」扱う

管理職にある者の必須要件は「公正さ」だと思う。複数の部下をもつ管理職は、何はなくとも公正であってほしい。公正とは偏《かたよ》りがなく、正しいことだ。同じ二人の部下とは言え、キャリア半年の新人と、キャリア三年の部下を「公平」に扱うのは問題がある。だから公正に扱う。相手に合わせて対応するが、なぜ対応に違いがあるかを論理的に説明できるのが、公正さだと思う。公正さを身につけていれば、やる気のまったくない部下を切ることもできる。「彼は切られて当然」と、ほかの部下も納得するのが、公正な対応だ。

部下のキャリアや性質に合わせた対応ができるのが、いい上司なのではないだろうか。手取り足取りして使う部下もいれば、あまり口出しをしないで自由にやらせる部下もいる。対応の違いについて、部下も納得しているのが公正な扱いだと思う。

そう、大切なのは部下が納得していることだ。

あなたのチームに、何かというと会社を休む部下がいたとしよう。「頭が痛いので休みます」と電話をかけてきて、三日間ぐらい休んでしまう。病院に行ったのかと聞くと、家で寝ていたという。

しばらくすると、今度は「腹痛です」といってまた休むという具合だ。病気と言われれば、無理して出てこいとは言えない。しかし、それが一カ月に三回、四回となると、いい顔ばかりはしていられなくなる。

いつ休まれるかわからないとなれば、安心して仕事を任《まか》せられない。ほかの部下にしわ寄せもいく。当然、「まったくもう、いつも忙しくなると頭が痛くなるんだから」とか、「やっぱりね、今日は腹痛で休むという予感がしていたんだ」と、おおっぴらに悪口が飛び交う。

まさにチームのお荷物だ。ほかの部下たちは、あなたがどう対応しようとしているのか、興味津々《しんしん》と見ている。部下のするどい視線は背中に感じるが、一度採用した人間はなかなか解雇できない。労働組合も黙ってはいないだろう。

こんなときこそ、公正さが求められる。やってはいけないのは、ほかの部下の目の前で、「ズル休みだろう」と決めつけることだ。これではイジメになってしまう。性善説で事を進めるなら、病気を一刻も早く治そうというスタンスに立つ。家で寝ていても、市販の薬を飲んでも病気は完治《かんち》しない。すぐに休むのは、病気が続いているからだと話す。そして、次に休むときは必ず病院に行くこと、診断書を提出することを約束させる。

この部下が、単なる怠け者で、ズル休みを繰り返しているだけなら、無断欠勤するようになるだろう。これが続くようなら、解雇することも視野に入れなくてはならなくなるはずだ。

公正に事を進めるなら、欠勤届を書かせることだ。これが何枚もたまったら、それをもって労働組合と話し合う。いかに周りの労働組合員が迷惑をこうむっているかを具体的に説明する。そして、労働組合から注意をしてもらう。

ここまでしても改まらないようなら、あとは手続きを踏みながら、解雇に向けて動いていくしかないだろう。法律の本などを読むと、注意、指導、警告など、いくつもの手順を踏まなければならない。

手抜きをせず、ひとつひとつ手順を踏んでいく。多くのケースでは、この手順を踏むのが手間がかかり面倒すぎるので、イジメにより、自主退職に追い込む方法が取られる。これは絶対にやってはいけないことだ。

職場内のモラルの荒廃《こうはい》は、イジメが引き金となって起こることが多い。イジメによる退職強要は、集団リンチと同じだ。たとえ一度でも部下を使ってこんなことをしたら、その後の公正さは保ちようがない。

ひとりの部下を解雇するには、膨大《ぼうだい》なエネルギーが必要になる。それも、何の喜びもない負《ふ》のエネルギーだ。

ひとつひとつの手順を踏みながらそれを着実に進めていく。それが公正に事を進めるということだ。公正さがあれば、労働組合にも、上層部にも堂々と説明ができる。何よりその姿を部下が見ていてくれるはずだ。

年季《ねんき》の入った管理職の「叱り方」とは?

部下を叱るのは簡単だが、そのあとのフォローは意外に難しい。だから、多くの上司は叱りっぱなしにしてしまうか、叱らないでお茶を濁《にご》してしまう。どちらもあまりいいやり方とは言えない。きちんと叱って、きちんとフォローする。これができれば部下もやる気が出てくる。ではどうすれば、それができるのか。よくある失敗例は、叱ったあとでどうフォローしようか考えている。だから、フォローの方法を考えてから叱ればいいのだ。落としどころがみえていれば、安心してこぶしを振り上げられる。

叱るというと、声を荒《あら》らげて部下を怒鳴りつけることだと思っている人がいる。そんなことはない。冷静に部下の非《ひ》を責《せ》めるのが叱るということだ。乱暴な言葉を使わなくてもいいし、こぶしを振り上げなくてもいい。というよりも、そんなことはしないことだ。怒りにまかせて部下を叱ると、あとのフォローがきかなくなる。

怒りで頭に血が上《のぼ》っているときは、ぐっとこらえて部下を叱らない。そのくらいに考えておいた方がいい。ぐっとこらえているときに、叱ったあとでどうフォローするかを考える。これができるようになれば、かなり年季の入った管理職と言える。

「まったくもう、あれほど言っておいたのにこんなミスをしやがって、あのトンチキめ。ドタマかち割ってやろうか」。頭の中で考えるわけだから、言葉が汚いのはしかたない。

とにかくこんなことを考えながら、片面で、もう二度とこんなミスをさせないためにはどうすればいいのかをぼんやり考える。「あいつはだいたい人の話をよく聞かないよな」と思い当たれば、それが落としどころだ。

「おい、○○君」と、部下を呼ぶ。ここまでできていれば、どう叱ってもいい。ただし、短くだ。わっと叱って、突き放す。「だいたい君は人の話をよく聞かないだろう」とは、ここでは言わない。「じっくり反省しろ、あとで話を聞く」というようなことを言っておく。これがフォローのための布石《ふせき》だ。

時間をおいて再び呼ぶ。効果的な演出を考えるなら、ワッと叱るときは、部下に座れとは言わない。立たせたままにしておく。しかしフォローするときは別だ。座ってじっくり話を聞くという態度を示す。空いている会議室を使ってもいいだろう。いっそのこと、会社を抜け出して近くの喫茶店に行くというのもいい。

空き会議室でやるなら、上司自らがお茶を入れて運んでくるなどというのも効果がありそうだ。もちろん部下と二人分。そして、「なぜ叱ったかわかったかい」というように切り出す。少しきつい言葉で叱ったときは、「さっきは少し言い過ぎて悪かった」と謝ってもいい。

とにかくこの場面は、なぜ部下が単純なミスを繰り返すのか原因を探ってお互いに納得するところだ。部下をリラックスさせ、話を引き出す雰囲気を演出する必要がある。

課内の人間に、あなたがどういうやり方でフォローするのか、さりげなく示すことも大切だ。たとえば、「彼と大事な話があるから、一時間ぐらい重要な用件以外は取り次がないでくれ」というように言っておく。

こうすれば部下には、あなたが叱るより、あとのフォローを大切にする上司だと伝わる。もうひとつ、同僚が見たり聞いたりできる中で恥をかかせるようなことをしない上司だとも伝わる。

これは大切なことだと思う。同僚の前で恥をかかされるというのは、上司に叱られる以上に辛い。だからガツンと叱るときは、あえてこれをやる。その代わり短い時間ですますことが大切になる。

同僚の前で長くさらし者にされると、反省しようと思う気持ちより、恥をかかされたという気持ちが残る。それを見ている同僚も、「たしかに彼も悪いけど、あんなにダラダラ、ネチネチと叱らなくてもいいのに」と上司に矛先《ほこさき》を向ける。明日は我が身かと思えば、そう思うのも当然だ。

だから、叱るのとフォローを分けるのがいいのだ。なぜミスを犯したのかは同僚の前では言いづらい。無理に言わせれば、言い訳になってしまう。二人きりの場面で、まずじっくりと話を聞くことだろう。そのうえであなたの見解を述べる。

部下がだらだらと言い訳をしたら、ひとつずつ論理的に反証《はんしょう》する。この場面ではこれも大切になるはずだ。

いくらじっくりと話すと言っても、二時間も三時間もかけるわけにはいかない。だが、いいかげんにお茶を濁すのはもっといけない。そんなときは、「明日もう一度話し合おう」というように水入りを宣言する。

間違っても、「あとは一杯やりながら話そうか」などと言ってはいけない。酒を飲みながらできるような話ではないからだ。

だいぶ細かいことを書いてしまった。だが、叱ったあとのフォローは話し合いのための上手な環境作りがほとんどすべてと言っても過言ではないように思っている。思ったようなフォローができないときは、環境が整っていないと考えるべきではないだろうか。

一昔前の「いい課長」は嫌われる

以前はよく、部下の誕生日はおろか、その家族の誕生日まで知っていて、おめでとうを言ったり、プレゼントを渡したりする気配り課長の話を聞いた。部下の方も、課長はそこまで自分のことを思っていてくれるのかと感激する。ところが、最近はあまりそのような話を聞かなくなった。なぜだろう。会社組織の中で「一家主義」が薄らいできているからだと思う。こんななかで、部下のプライバシーにどの程度かかわっていけばいいのかも問題になっている。ぼくは、管理職は上手な聞き役でいればいいと思う。それ以上でもそれ以下でもない、そんなスタンスではないのだろうか。

おもしろい現象がある。若い人たちの話を聞くと、片方に、「上司は仕事以外のことは相談に乗ってくれなくていい」という層がいる。しかしもう一方には、「仕事以外にもいろいろアドバイスしてもらえて参考になる」という層もいるのだ。

統計をとったわけではない。あくまでぼくがいろいろな機会に聞いた範囲の中の話。そういう限定つきだが、必ずしも、すべての若い社員が上司とは仕事だけのつき合いと割り切っているわけではないようなのだ。

まあ、これはある意味では当然のことで、別におもしろい現象というほどのことはない。話はこの先なのだ。もう少し詳しく話を聞くと、「仕事以外は相談に乗ってくれなくていい」といわれる上司の共通点が、面倒見が良くて世話好きというタイプのようなのだ。

一方で、「アドバイスが参考になる」という上司は、前者とは逆のタイプが多い。尋《たず》ねられたら答えるという、ややクールなタイプのようだ。繰り返すが、別に統計をとったわけではない。

ただ、サラリーマンでもないぼくが、サラリーマン向けにサラリーマンの話を描くには、いろいろな取材をする必要がある。そんな中で、感じていることなのだ。一昔前ならいい課長だと思われた人たちが、意外に人気がない。

プライバシーについて、あれこれと詮索する上司は「ウザイ」というわけだ。では、若い人たちは自立していて、経験者のアドバイスは不要なのかというとそうでもないようだ。困ったときに、聞かれた範囲で必要なアドバイスだけしてほしい。そんな傾向がうかがえる。

身勝手といえば身勝手だ。だが上司はそんな部下とつき合っていかなくてはならない。こんな話をあれこれ聞いていて考えたのが、上司は聞き上手になればいいということだ。部下のプライバシーについては、あれこれと詮索しない。恋人がいようが、失恋の痛手を負っていようが仕事とは関係がないとのスタンスに立つ。

ただし、いつでも聞く耳だけはもっているという雰囲気を漂わせておくことだろう。こちらからは売り込まない。

しかし部下に言われれば、自分のプライベート・タイムを犠牲にしてもいいという心積もりをしておく。きっとそんな上司が求められている。

あるいはこんなことが言えるかもしれない。人情として部下のことをもっと知りたいと思っている上司は、ぐっとこらえてみる。情が移れば、部下の仕事に対する冷静な評価ができなくなる。

「仕事にむらがあるのは、失恋の痛手から立ち直れないせいだな」とわかってしまえば、「もう少し黙ってみていようか」などと、よけいなことを考える。だがこれは、能力本位で仕事をしなければならない時代の中では、部下のためにはならない。

プライバシーについては詮索してくれるなというのが部下のスタンスなら、失恋の痛手が辛かろうが、親が病気だろうが、やるべき仕事はしろという態度を貫くしかない。むしろ、知らない方が筋を通しやすいということもあるはずだ。

2章　部下はあなたのココを見ている

――見られたくないところほど、よく見られている

あなたは「能力」、「キャラクター」、どちらで売るタイプか

管理職にはいろいろなタイプがある。地味だが能力で売るソフトバンクホークスの王貞治《おうさだはる》監督のようなタイプ。元読売巨人軍の長嶋茂雄《ながしましげお》監督のように、能力よりもキャラクターが先行するタイプもある。どちらがリーダーとして優れているかということはさほど大きな問題ではない。それよりも大切なことは自分のキャラクターを知っておくことだ。そしてその持ち味を生かすよう努力することだ。人は誰でも自分にないものに憧《あこが》れる。しかし自分のキャラクターはそう簡単には変えられない。隣の芝生《しばふ》はきれいに見えるものなのだ。

ずばり聞きたい。あなたは他人に見られていることを意識して仕事をしているだろうか。もしあまり意識していなければ、今すぐに意識してほしい。あなたはいつも部下に見られて仕事をしている。

すべてはそこから始まる。上司とは、部下に見られる存在なのである。と言っても、見てほしいと思うところはなかなか見てもらえない。見られたくないところを見られる存在だと思っていた方がいい。

見られたくないところを見られる存在なら、弱点は少ない方がいい。つまり自分の持ち味を生かすということだ。アンケートをとれば、明るく包容力《ほうようりょく》のある上司に人気が集まるのは目に見えている。

「理想の上司」というアンケート調査をすると、長嶋監督は常に上位を占めている。では、誰でも長嶋監督のようになれるだろうか。ぼくはなれないと思っている。長嶋監督のように振る舞うことはできるかもしれない。だがそれは「見せたい」自分であり、「作った」自分だ。そんな嘘はすぐに見破られてしまう。

仕事はできるのだが気が弱く、よく部下の前でぼやいてしまうという中間管理職の人がいる。管理職のリストラが進行する中で、彼は自分の気の弱さが弱点であると思っていた。ここを突かれてリストラの対象になるのではないのか。

彼は部下の前で精一杯明るく振る舞おうとした。小学生でなければ言わないようなギャグを部下の前で披露《ひろう》したりした。「今日は風が強いから干してあるフトンがフットンだ」というような他愛《たあい》もないものだ。

こんなことを突然言われると、部下もどう対応していいかわからなくなる。部下の反応など構わずにギャグを連発できれば、それはそれでひとつのキャラクターになる。しかし明るく振る舞おうと思い、ウケをねらったギャグだ。キョトンとされれば言った本人もフォローできなくなる。

思わず「君たちにはセンス・オブ・ヒューモアがないな」などとぼやきが出てしまう。そして陰で「ヒューモア愚痴《ぐち》課長」などと言われるようになる。自分にないキャラクターを演じようとして失敗する典型がここにある。

ユーモアのセンスがないのは、この課長自身なのである。もちろん、ユーモアのセンスはあった方がいい。だがそのことと明るい性格は関係のないことだ。ぼくなら、仕事の能力をさらに高め、部下の前で愚痴をこぼさないように努める。

部下に見られているのはこの部分だ。いくら明るく振る舞おうと、ふと出る愚痴を部下は聞き逃さない。そして課長は全然変わっていないと思うのだ。

思わず出てしまう愚痴は、常に部下に見られていると意識すれば、そうそう出るものではない。意識して部下の前で愚痴をこぼす上司はいないだろう。無理をして、かっこうのいい自分を見せようなどと思う必要はない。それよりは、いつも部下に見られていると意識した方がいい。

手を抜かず、気を抜かずに仕事をする。それでいいのだ。すべての人が明るい性格ではない。また、明るくなければ上司失格というわけではない。生真面目《きまじめ》ならそのキャラクターを大切に育てていけばいい。自分にあるものを大切にする。意識していれば、そんなんでもないことの中から、上質のユーモアが育つこともある。

英語・パソコン音痴《おんち》でも、なぜか人気がある上司の「共通点」

たとえ英会話やパソコンがそれほど上手でなくても、部下から慕《した》われる上司がいる。もちろん「そんなものは部下に任せておけばいい」などと開き直っている上司ではない。便利な「道具」は使いこなせた方がいいに決まっている。だが、英会話やパソコンが使いこなせることが管理職の必須要件かといえば、必ずしもそうとは言えない。オーケストラの指揮者を考えてほしい。指揮者はすべての楽器演奏に精通していなければならないということではないだろう。各パートのプロの音をまとめあげる。そして美しいハーモニーを生み出すというのが指揮者に求められる役割なのだ。

たとえば悪戦苦闘してパソコンのキーボードをたたいている管理職がいたとしよう。そんな上司を見かねて、部下が「課長、私がやっておきます」と声をかける。「ありがとう、助かった」と任せてしまう。そんな管理職がいる。

あるいは、外国のバイヤーが昼に来るなどというとき、朝からそわそわしてビジネス英会話の本などを拾い読みしている管理職がいる。英会話が得意な部下に、「ぼくのはブロークンだから、先方に失礼がないように補佐してくれよな」と懇願《こんがん》したりする。

こうした上司が部下に信頼されていないかと言えば、そうでもない。むしろ慕われていることすらある。じっくり観察していると、これらの管理職には、いくつかの共通点がある。

ひとつは仕事のフォローをきちっとしているということだ。飲み会の席などで、「この間は助かった、ありがとう」と礼を言う。自分の不得意なことを、業務命令として部下に押し付けない。個人的な弱点をフォローしてもらったとして接する。これが大切なことだと思う。

事は、パソコンや英会話に限らない。管理職だからといって、すべての分野に精通しているわけではない。得意分野も不得意な分野もある。不得意な分野だからといって逃げてはいけない。業務命令のようなふりをして部下に押し付けてはいけない。

部下はそんなところをよく見ている。悪戦苦闘をしても、とにかく取り組む。そんなところも部下はよく見ているはずだ。

上司が慣れない道具を操《あやつ》って苦労している。そんなとき、手を貸してあげようと部下が思う。これは上司と部下の関係を越えた、人間同士の結びつきから沸き起こる感情だ。この感情は大切にしたい。

もうひとつ。部下が上司の不得意分野に手を貸してあげたいと思う。これは同じような形で部下が助けられたことがあるからだ。

たとえば部下がもって来た、パソコンで書かれた書類を見て、おもむろに赤のボールペンでさっさと手を加える。文章を切ったり手を加えたりして仕上げ作業を行なう。ねぎらいの言葉とともにそれを手渡す。

部下がパソコンで赤字を直すとき、誰の目にもわかりやすい書類になっていることがわかる。それだけでなく、これなら会議で通るだろうというところが上手に強調されている。これを自分の名前で提案できるのかと思えば、部下は感謝するだろう。

部下にはパソコンが不得手《ふえて》な上司というより、フィニッシュワークがすごい上司というように見えるはずだ。

このケースでは、上司がパソコンでさっさと直してしまうより、かえって赤のボールペンの方がいい効果を生むとさえ思える。

部下をもつ管理職の仕事で本当に大切なのは、案外こういうことなのだ。自分にしかできない得意技をもつ。それを部下のために惜しげもなく役立てる。

数字がらみの仕事が正確である、決断力がある。得意技は何でもいいだろう。それが抜きん出て秀《ひい》でていることが重要だ。それを自分の手柄のためではなく、チーム全体のために使う。これができれば多少不得意な分野があったとしてもひるむことはない。

アメリカのビジネス社会で、「管理職の優劣」は何で決まるか

アメリカのビジネス社会で管理職の優劣を決めるのは、部下に対する思いやりのあるなしだそうだ。マネージャーとしての専門能力は、競争社会のなかで鍛えられている。いわばこれは当たり前の能力。みんながもっているから差は出ない。ではさらに高いポジションを目指す管理職が必要とする能力は何かというと、愛情をもって部下に接し、チーム全体を活性化させていくことだという。この話を聞いてつくづく思った。人間を動かすのは人間なのだ。世界が変わってもこのことは変わらない。愛情をもって部下に接すれば、部下は自発的に動きたくなる。

率先垂範《そっせんすいはん》型の管理職もいれば、後ろから部下を後押しするサポート型の上司もいる。それぞれの持ち味だろうと思う。どちらであらねばならないという決めつけはしたくない。もっとも望ましいのは、場面に応じて両方のタイプを使い分けられることだ。

部下に仕事を任せた以上はサポート型に徹し、遠くで見守っている。ちょっと方向がずれたり、迷っているようなときは、半歩前に出てアドバイスする。これができれば言うことはない。しかし、自分はそうやっていると言い切るのはなかなか難しいのではないのだろうか。

島耕作を理想の上司として挙げてもらうことが多い。あるいは島耕作が率先垂範とサポート型という異なる二つのタイプを兼ね備えているからかもしれない。ぼく自身は、異なる二つのタイプをさりげなく組み合わせるよう意識して描いているつもりでいる。ややサポート型の方が強めではあるが。

島耕作が理想の上司になっているとしたら、多分そんなバランス感覚を意識した上司像になっているからだろう。

よく「島耕作のモデルはいますか?」とも聞かれる。もちろん特定のモデルはいないがイメージする人間は何人かいる。それを肥やしに課長から部長へ、ストーリーの進展の中で、少しずつ育っていっているように感じている。

連載を進めるにあたっていつも自分を戒《いまし》めているのは、現実離れしたスーパービジネスマンにはしないということだ。一見どこにでもいそうだが、実はどこにもいない。島耕作はそんなポジションにおいておきたい。

たとえば率先垂範型の管理職というのはよくいる。ピンチのときは頼りになりそうだが、普段は口やかましくてうるさそうだ。一方、サポート型の上司はこれとは逆な気がする。チームがうまくいっているときはいい。しかしピンチのとき、「みんなでよく話し合って決めよう」などと言い出されたら、部下としてはたまらない。

どちらのタイプも部下にとっては、思いやりという面で物足りないものを感じるはずだ。それにも増して最悪なのは、ふだんは率先垂範型で、ピンチになるとサポート型になる管理職だ。こういう上司は一見いなさそうで、じつは意外に多い。自分では気づいていないかもしれない。しかし、部下には丸見えになっている。裸の王様と同じで、知らないのは自分だけということがよくある。

強《し》いて言えば、そのことに気づけば逆の理想形も見えてくるということになる。知っていて、あえてやる上司はいない。つまり、理想と掛け離れた逆のタイプは、ひとえに部下に見られている自分を知らないということになるのではないのだろうか。

自分の居場所がわからない。部下にすれば、いてほしい場所に上司がいないということになる。

結論を言おう。部下がいてほしいと思う場所にいるには、ひとつのことを意識すればいい。それは部下に対する思いやりである。自分がいたい場所にいるのではなく、部下がいてほしい場所にいる。そのポジションは、状況によって変わるはずだ。

仕事がうまくいっているときは遠くで見守る。ピンチのときは一番近くで適切なアドバイスを行なう。部下に対する思いやりさえあれば、そんなポジションが見えてくる。あとはそこに立つかどうかだ。

部下に「あれだけはしたくない」と思われる行動

やや古めかしい言い方だが、これだけは失《な》くしたくないと思って、ずっと守っていることがある。それは、「弱きを助け、強きをくじく」ということだ。弱い者いじめをしてはいけない。逆に権力をもった強い者に対しては、暴走しないように監視の目を向ける。何もかっこうをつけてこんなことを言っているわけではない。一昔前の庶民なら、男性も女性もごくふつうに身につけていた、けじめのようなものだ。自分自身に対するけじめが失われると、「強きを助け、弱きをくじく」ようなことをしかねない。こんな姿を一度でも部下の前にさらせば、それだけで信頼を損《そこ》なうことは間違いない。

もう忘れているようなつもりになっていても、ぼくたちの血の中に色濃く残っているものがいくつかある。「むやみに威張らない」とか、「弱い者いじめをしてはいけない」というようなことだ。

これは理屈ではない。そんなことをすると、それだけでその人の人格までが疑われてしまう。

こんな話がある。ある子会社の課長の話だ。本社から落下傘《らっかさん》で降りて来る役員に気を遣《つか》う。そればかりでなく、出向《しゅっこう》で来る部下にまで気を遣う。だから出向者と子飼《こが》いの部下が仲良くするのを快く思わない。もしそんなことを許せば、子飼いの部下にさえ気を遣わなくてはならなくなってしまう。

その課長に言わせれば、落下傘で降りて来る役員も、出向で来る部下も「お客様」ということになる。身内の者が、お客様に馴《な》れ馴れしくするのが気に食わないということなのだろう。

口うるさいだけの上司として部下の評判は芳《かんば》しくない。しかし、どうあがいても社長にはなれない身の上。子会社の社員には、実質的に親会社が決める常務の椅子がたったひとつ用意されているだけという会社だ。親会社の人間に気を遣うのは無理からぬ処世術とも言える。

諦《あきら》め顔の部下の中にも、「もしかしたら一〇年後の自分を見ているのかもしれない」と言う者さえいる。そんな部下でさえ、「でもあれだけはしたくない」ということがある。

この課長、ファーストフードの店員や、飲み屋の店員などにやたら尊大《そんだい》に振る舞うクセがある。注文を間違えたり、自分よりあとの人の注文が先に出されたりするのが許せない。店長を呼び出して、ネチネチと社員の教育はどうなっているのだと文句を言う。「自分は客だ、サービス業が客に対してそんないいかげんな態度を取っていいわけがない」と文句を言う。

これを部下の前でやるのだ。いっしょにいる部下は恥ずかしくてたまらないという。この課長の言動、部下にはただ弱い立場の人間に対して、日頃の自分の鬱憤《うつぷん》をはらしているとしか映っていないのだ。

本人はきちんと筋を通したいと思っているのかもしれない。若いアルバイトに働くことの大変さを教えているつもりなのかもしれない。しかし、部下の目には「あれだけはしたくない」としか映っていないのだ。

自分より立場の弱い者に尊大に振る舞う。こういうのを他人は見逃さない。とくにそれ

コピーや

が自分の上司ならなおさらだ。ここまでひどくなくても同じだろう。たとえばファーストフードのアルバイト店員に対して居丈高《いたけだか》の振る舞いをする。荷物を運んできた宅配便のドライバーにアゴで指図《さしず》をする。タクシーの運転手に乱暴な口をきく。どれも自分の存在がたいしたものではないことを示している。

いくら出向で来た部下にまで気を遣っても、別の場面でこんな態度を見せてしまっては、それ以上の出世はおぼつかない。どちらが本当のその人か、一事を見れば見えてしまうからだ。

たとえ出世したとしても、その人が相変わらず軽蔑される人間であることには変わりない。部下に軽蔑されながらエラくなっても、いい仕事などできるはずがない。

「指示は短く明瞭《めいりょう》に」だけでは、うまくいかない

部下に的確な指示を出すというのは、誰もが思っているほど簡単ではない。あるアンケート調査では、部下が上司にもっとも望むことは「的確な指示を出してほしい」ということだった。部下の側に立てば、それだけ的確な指示が出ていないということになる。では上司はどうか。誰もが「いや自分は的確な指示を出している」と思っているはずだ。たしかに部下には甘えがあるかもしれない。しかし厳しい言い方をあえてすれば、伝わらなければ的確な指示とはならないのだ。指示を出す方は的確に出していると思いがちだ。だからこそ、指示は的確には伝わらないものと心していた方がいいかもしれない。

システムは思惑《おもわく》どおりには動かないという言い方がある。だからこそ、常に手直しや微調整が欠かせない。部下に対する指示も同じように考えておいた方がいいかもしれない。完璧な指示などないということだ。

手直しや微調整を繰り返しながら指示を的確なものに近づけていく。その一連の作業を「指示」というのだと考えてみたらどうだろう。よく上司が部下に「そんな指示は出していないぞ」と言う。あるいは部下が上司に「ええっ？　そんなこと聞いていませんよ」と言う。

どちらの場合も、指示のプロセスをおろそかにしたことが原因になっていると言えるだろう。「言った」「言わない」で言い争うほど空しいことはない。言い忘れかもしれないし、聞き忘れかもしれない。

どちらにしても、指示は実行されなかった。それは伝わらなかったことと変わらない。伝える側の努力がたりなかったということになる。「聞いてませんよ」などと部下に言われたら、本当は上司は負けなのだ。

だが現実の場面では、「そんなはずはない。ちゃんと言ったはずだ」などと言う。上司が声を荒《あら》らげてこう言えば、部下は引き下がるしかない。表面上は上司がちゃんと出した指示を部下が聞き漏《も》らしたということで決着する。

しかしそんなところも見られているのだと思った方がいい。「あの人は結局は自分がいいかっこうをしたいだけ。自分の非を認められない人だ」と部下に思われているかもしれない。

こう思われているのは実はある会社の管理職だ。この人は、「指示は短く明瞭に」がモットーだと自慢しているそうだ。ぼくは部下の人に取材したのだが、そのモットーにこだわるあまり、計画変更の指示がうまく出せない。

どうするかと言うと、自分の出した指示とつじつまを合わせながら計画の変更を伝えるという。つじつまが合わせられない大きな変更のときは、「抵抗したけれど、上層部の強い意向だからしかたない」と理由をつける。一応言ってみただけという程度の抵抗であることは部下に知れている。

これで事がうまく運ばないと、「何でこんなにはっきり指示を出しているのにできないのだ」という決まり文句になるという。

たしかにこれでは部下が気の毒だ。おそらくこの上司は、指示の変更を潔《いさぎよ》しとしないのだろう。朝令暮改《ちょうれいぼかい》は厳《げん》に戒めなくてはならないと思っているのかもしれない。しかしそれもケース・バイ・ケースだ。臨機応変《りんきおうへん》という言い方もある。

機に臨《のぞ》み、変化に応じて指示も変わる。それをそのつど的確に伝えられるか、そのことの方が大切だ。朝令暮改のような指示を出すのはたしかにかっこうがわるい。しかし、やむを得なければ、それをあえて行なうべきだとぼくは思う。もちろん、事情はきちんと説明する。朝令暮改が自分のミスならば、それも言い添えて詫びる。

その一連のプロセスがすべて、的確な指示を与えることにつながっている。そう考えていくと、的確な指示の正体がある程度見えてこないだろうか。

的確な指示とは、的確な状況認識と一体になっている。なぜ今これをしなくてはならないのか、あるいはなぜ指示が変わったのか。状況認識が部下と共有できていれば、そう大きな戸惑《とまど》いは起こらないはずだ。

機に応じた的確な指示を出すというのは、的確な状況認識を示すということにほかならない。自分が何をしているのかわからずにやる仕事ほど辛いことはない。

逆に何をしなければならないのかある程度わかっていれば、指示が変わってもついていけるということも言えるのではないだろうか。

「どっちを向いているか」が問われる

中間管理職は部下の方をきちんと向いていてほしい、ぼくはそう考えている。それがチームをまとめる力になる。少なくともこれからの時代は、与えられたポジションをそつなくこなしていればトコロテン式に役職が上がるなどということは考えられない。次のステップを目指すには、部下の後押しが必要になるかもしれない。あなたも部下を評価するが、部下もあなたを評価するという「多面評価」も始まっている。出世の踏み台として部下を使う、反対に出世のために部下に迎合する。どちらもダメ上司の烙印《らくいん》を押されることは間違いない。

今でもまだ、部下の手柄を横取りしたり、失敗の責任を部下になすりつけたりする上司がいると聞く。

たぶん二十一世紀には生き残れないタイプだ。管理職のポストが多く用意されているような時代なら、こういうタイプでもしかるべきポジションにつけた。言葉は悪いが、二十世紀の遺物《いぶつ》というような存在だ。新しい時代についていけない、リストラの対象になっている管理職の中に、まれにこういう人がいる。言葉を飾らずに言えば、ゴマスリ人間だ。ひたすら自分のボスにゴマをする。同僚に噛みつき、部下の手柄を横取りする。

こんな人間が依然として出世街道を歩いているような会社なら、転職を考えた方がいいかもしれない。それは会社の経営陣に部下を見る目がないということだろう。そんなことを言っても過言ではないほどに、この手の管理職は淘汰《とうた》されつつある。

ヒラの社員も管理職も、無能な人間は生き残れないのだ。管理職も必死だろうが、同じように部下も必死だ。上司のミスを押しつける、あるいは成功を横取りするような上司の下に配属されてしまったら、出世の道は閉ざされてしまう。

それだけ、上司がどちらを向いているのかは気にかかることだろう。上司が自分の出世にしか目を向けていなければ、平然としてダメ上司のレッテルを貼る。そんなドライな人間関係が職場を支配する時代がくるかもしれない。

では、部下に迎合して自由放任で仕事を任せたらどうなるか。今度は上からの厳しい評価を受けることになるだろう。

下から突き上げられ、上からは押さえられという中間管理職の宿命《しゅくめい》は変わらずに続くということだろうか。ぼくは必ずしもそうとは思わない。考え方だと思うのだ。

ヒラ社員のときは自分をアピールするようにして仕事をしてきた。しかし立場が変われば考え方も変えた方がいい。どう変えるか。自分個人の手柄などという小さいことは忘れて、チームの手柄を考える。

部下を競わせて、仕事の相乗《そうじょう》効果を高めていく。それがチーム力をつけるということなのだと思う。中間管理職はそれを学ぶ絶好のポジションになるはずだ。

もっと言えば、ここで何事かをつかめなければ、それ以上、上にはいけない。個人の手柄にこだわっているようでは、もうひとつ上は目指せないということなのだと思う。

もしもあなたが自分の手柄などという目先の利益を捨て、チーム力をつけることに全力を傾けたとする。すると部下の中に必ず、あなたに将来を託してみようという人材が現われてくる。これは親分子分の関係とは違うものだ。

根本的な違いは、部下と競い合って、あなた自身の実力を高めていけるということだ。部下との人間関係と言っても、必ずしもウェットなものではない。

義理とか人情とは異質の世界で、部下と上司の信頼関係が築ける。そんな時代がもうそこまで来ているように思えるのである。

「セコイ振る舞い」は本人の自覚以上に目立つ

部下から、あの上司はセコイと思われたら損だ。人間にレッテル貼りをしてはいけないのは知っている。それでも、セコイと思われたら損だと思う。ミエをはれということではない。セコイと思われるような振る舞いをするなということだ。えらそうなことを言う気はない。もしかしたらぼくも気づかずにセコイまねをしているかもしれない。ちょっとズルをしても、得した思いをしたくなる。こんな感情はきっと誰にでもあるのだろう。だからこそ、目ざとくそれを見つけられ、その人の評価をがくんと下げてしまう。それは損だと思うのだ。

部下は上司について意外に細かい面をしっかりと見ている。見ているだけでなく、忘れない。ちょっとこわい話をしよう。

喫茶店の後ろの席からこんな話が聞こえてきた。「うちの上司はもっとセコイよ。だって出張先からコレクトコールで会社に電話をかけてくるんだぜ」

友達同士の何げない会話だったのだろう。前後の脈絡《みゃくらく》はよくわからなかった。にもかかわらず、この会話を聞いたとき思わず、「うん、それはセコイ」と思ってしまったのだ。

よく考えて見れば、それは外国からかもしれない。あるいは、テレホンカードの持ち合わせがなく、やむを得ずコレクトコールでかけてきたのかもしれない。一回きりなのか、毎回そうなのかもわからない。

事情はわからないのだ。それにもかかわらず、電話をとった彼は上司のその行為をセコイとみなし、脈絡なく話を聞いたまったく無関係のぼくもセコイと感じてしまった。そこがこわくないだろうか。

このときほど、「人の振り見て我が振り直せ」ということわざを痛切に思い出したことはない。あるいはぼくも、自分で気づかないうちにセコイことをしているかもしれない。

それを誰かが喫茶店でうわさのタネにしているかもしれない。喫茶店ならまだいい。ぼくが知らないところで、仕事仲間の評判になっているのかもしれない。

知らないでしてしまっていることはしかたないだろう。でも、セコイかなと思うことはなるべくしないように心掛けよう。そんなふうに思った。

セコイという言い方には、ちっぽけな人間というニュアンスが込められているように感じる。倹約家、ケチというのとはまた別の意味合いが込められているように思えるのだ。ものを大切に使うのをケチと言われても、腹が立たない。ケチは美徳だと抗弁《こうべん》することもできる。

しかし、セコイと言われたら「それのどこが悪いのだ」とは開き直れない。遠方の得意先と電話で契約を取りつけ、しっかり交通費を請求するような行為がセコイ行為だ。

本人にすれば、うまく電話で契約が結べて、時間が省《はぶ》けたのだから交通費ぐらいはもらってもいいだろうと理屈をつけているのかもしれない。しかし、いくらいい仕事をしても、これでは部下の信頼は得られない。

本来なら、時間も手間も省けた効率的でいい仕事との評価を得ても、おかしくはない。「電話一本で契約を取り交わすなどさすがだ」と評判になったかもしれない。

それが交通費を稼ごうというつまらない行為のため、すべて帳消しになって、セコイ上司との印象を部下に与えてしまう。これはどう考えても損だ。

ボールペンやホチキスの芯、ノートなどの会社の備品を家に持ち帰るのも、セコイと言われる行為だろう。ちびた消しゴムを最後まで使い切ろうと努力するのとは訳が違う。

どこが違うか。セコイ行為には、どこかに後ろめたさが見え隠れする。堂々と会社の備品を持って帰る上司はいない。微罪《びざい》だが窃盗罪《せっとうざい》であることは間違いない。しかし、やっている本人には、たいした罪悪感がないのだと思う。罪悪感がないから、目立たないと思っている。

ところがこれが目立つのだ。どこかで後ろめたい行為と感じたとたんに、その背中には多くの部下の視線が注がれていると思った方がいい。

繰り返すが、セコイ行為はせっかくの仕事の評価を帳消しにする。出張先からコレクトコールをかけてきた上司も、あるいはその電話で契約の成功を告げたのかもしれない。しかし、そんな評価は意識に残らず、コレクトコールをかけてきたということだけが一人歩きを始めるのだ。

こわいと言えばこんなにこわいことはない。損と言えばこんなに損なことはない。

部下と酒を飲む時に守るべき、たった一つのこと

　仕事の話は勤務時間中にするのが原則だ。勤務時間にすべき話を、飲み屋に部下を連れ出してするのは賛成できない。勤務時間を過ぎれば、それぞれの時間があるのだ。では部下といっしょに酒を飲んではいけないかと言われれば、そんなことはない。ご苦労さんの気持ちを込めて飲みに誘うのは、仕事の潤滑油《じゅんかつゆ》になる。部下を誘えば上司が自腹を切るのは当然だが、話題も選んだ方がいい。あまり遅くまで引っ張り回さないというのもエチケットと心得ておいた方がいい。

夜一〇時を過ぎた電車には、必ずといっていいほど部下と上司とおぼしきサラリーマンが乗っている。電車は多少混んでいて、酒の薫《かお》りが車内に漂《ただよ》っている。

吊り革に、二人の酔漢《すいかん》がつかまっている。「はっきり言って、そんなやり方じゃだめだよ」。酔っているから声も大きい。「わかっているのかよ、おい」と言い方も乱暴になる。ずいぶん横柄《おうへい》なものの言い方をする上司だなと目をあげると、からんでいたのは明らかに部下と思える方だったと知人が話してくれた。

上司は周りの目が気になるのか、「声が大きいぞ」とか、「しっかり立っていろよ」と、部下をたしなめていたそうだ。「できることなら翌日、会社での第二ラウンドも見たかった」と知人は意地の悪いことを言う。

こういうことがあるから、部下と酒を飲むのは難しいと思うのだ。まったくの想像だが、おそらく上司が部下に仕事のことで言いたいことがあり、酒に誘ったのだろう。部下にとっては愉快な話ではなかったに違いない。

上司が飲ませたのか、部下が勝手に飲んだのか。どちらにしても、明らかに二人の会談は失敗だ。こんな酒を飲んではいけない。部下と飲むのは、あくまでも楽しい酒でなくてはならない。

酒をごちそうしたからといって、大きな顔をするのも考えものだ。翌日お礼を言いにきた部下に、「どうだ、楽しかったろう。それにしてもずいぶん飲んだな。おごられるときはもうちょっと遠慮するもんだ」などと、言ってはいけない。たとえ冗談でもこんなことを言うと、楽しく飲んだ気持ちがしぼんでしまう。

「焼鳥屋でわずか数千円払ったぐらいで遠慮もないもんだ」ということになる。部下にごちそうするなら、あっさりとする。銀座の寿司屋に連れていったわけではないだろう。あまりおごったと騒ぐのはみっともない。それと、せっかくプライベートタイムを使っているのだ。仕事の話から離れられたらそれにこしたことはない。当たり障《さわ》りのない会話で時間を楽しむ。そんな感じがいい。

でもこれはかなり難しいことだ。だから、部下と飲むときにこれ一つだけ守っていれば大きな失敗はないということを伝授《でんじゅ》しよう。おおげさな言い方をしたが、とても簡単なことだ。

それは、これだけは言いたいということは、あえて言わないということだ。それだけでいい。

上司は部下に対して、これだけは言いたいということがあれこれとあるものだ。部下自身のこともあるだろうし、わかってほしい会社の方針もある。仕事に対する自分の思いも言いたいだろう。

そういうものをみんなまとめて封印《ふういん》する。言いたいことが何も言えなくなってしまったら、ニコニコ笑って黙って酒を飲んでいればいい。「うちの上司は、お酒を飲むときはニコニコ笑って話を聞いていてくれる」と部下に思われれば、それでいいではないか。

これだけは言いたいということは、あくまでも仕事の時間の中で言う。会社を離れ、業務時間を過ぎれば、当たり障りのない会話こそ望ましい。

自腹を切って、それをやってもいいと思える上司が、部下を誘う資格があると言ったら、あまりに堅苦しすぎるだろうか。

「身銭《みぜに》を切る」二つの理由

ビジネスの社会できれいごとは通らない。大事なお得意さんに、風俗店で酒を飲みたいと言われれば、身銭を切って接待しなくてはならないこともあるだろう。なぜ身銭を切るのか。理由は二つある。ひとつはそういう接待に慣れないためだ。会社の金を使って接待すれば、つまらない遊びに慣れてしまう。ばかばかしい出費をするからこそ、それに見合う成果や、あるいは次からの上手な断り方も身につく。もうひとつ。難しい言い方だが、身銭を切れば部下を連れて行かなくてすむ。そんな店で、客を接待している姿など部下に見せたくはないだろう。

得意先の無理難題にひるんでいては、商売はやっていけない。法律にふれないということは当然だが、それが汚れ仕事なら、あえて自分一人でやってやるというぐらいの気概《きがい》はもっていた方がいい。

いやな仕事は部下に押しつけないというのは、部下との信頼関係を保つためにぜひ必要なことだ。そんな上司を部下は頼もしげに見ているはずだ。

たとえば、どうしても断り切れず、身銭を切って風俗店で得意先の人と高い酒を飲んだとする。こんな話はすぐに課内に広まる。おもしろ半分に、「課長、うらやましいですね。どんなサービスを受けられるんですか」などと聞いてくる部下もいるだろう。

ここで、「基本的にはシャブシャブを食べさせる店なんだけどね……」などと、つまらない解説はしない方がいい。「そんなことより、どんな成果があったか聞いてくれよ」と言いたい。

身銭を切っているのだから、どんな接待をしたのかは、言わなくてもいいはずだ。それよりも、その成果をチーム全体のものにする。得意先からどんな感触を得たのか、今後のアプローチはどのようにすればいいのか。そんなことを部下に全部報告する。面倒な仕事をしたのは、そのためだということをわかってもらえばいいのだ。

島耕作が課長だったころ、島の上司、中沢部長が裸踊《はだかおど》りをするというストーリーを描いたことがある。宴席《えんせき》で得意先の人が島に裸踊りをしろと命じる。躊躇《ちゅうちょ》する島に代わって、中沢部長が私がやりましょうと買って出るというストーリーだ。

言われるままに裸踊りをするなどというのは、なかなかできることではないだろう。それだけにぼくは、尊い行為に思えたのだ。汚れ役は上司がする。そんな覚悟を決めていれば、どんな無理難題を吹っかけられても、得意先におもねらずにすむ。

仮に中沢部長が島課長に向かって、「裸踊り、いいじゃないか、やってみせなさい」などというようなことを言えば、得意先におもねったということになる。

こんな上司を部下はちゃんと見ている。汚れ役を部下に押しつけて平気でいるような上司に部下はついてこない。

最後にこんな上司になってはいけないという例をあげておこう。

ある会社の管理職が部下二人といっしょに、お得意さんを接待することになった。接待費で落とせるような接待ではない。打ち合わせが終わり、軽く飲みに行きましょうという接待だ。同席した二人の部下のうち、一人はその年に入社した新人だったそうだ。

中程度の割烹《かっぽう》料理屋で飲み、支払いの段になると管理職が部下二人を呼んだ。四人分の支払いを三等分して払おうというのだ。新人も分け隔《へだ》てなく全費用の三分の一を払う。かなり金銭面のしっかりとした管理職だ。これだけなら、まあいい。問題はこのあとの管理職が取った行動だ。

店では当然のように領収証を出す。その領収証を白紙のままでくれと頼み、別れ際にお得意さんに「お土産《みやげ》です」と渡したのだそうだ。これが二人の部下の目撃談。

二人の部下は、自分の上司がお得意さんにおもねっているところを目撃してしまったことになる。もちろんその管理職にすれば冗談半分のことだったろう。部下がいる手前、領収証を自分のものにすることはできない。それなら、お得意さんにあげてしまおうと考えたのかもしれない。

これがいかにもまずい。白紙の領収証を差し出すなら、せめて自分の懐《ふところ》を痛めるべきだった。

あえていえば、こういう場面で身銭が切れない管理職はそこ止まりの人だ。知らない間にさらっと金を払い、お得意さんを帰したあとで部下に「つき合わせて悪かったね」とねぎらいの言葉をかける。そのくらいの気配りがあっていい。三等分で金を払うくらいなら、いいかっこうをして接待などしない方がよかったのだ。

あ　それ
それそれ
それそれ

あえて「くどい言い方」をするべき時とは？

電話の受け答えを聞いているとそれだけで、この人はできる人だなと感じることがある。かつては手紙がそうだった。要領よくまとまった短い手紙を読むと、この人はできるとわかった。ビジネス電話も手紙と同じようなところがある。いやむしろ、手紙と違ってリアルタイムでの受け答えになる分、頭の回転速度も問題になる。要領よく話の内容をまとめて相手に伝える。相手の意向もきちんと聞き出す。さらに二、三のやりとりがあって、三分で収まる、などという電話を受けると気持ちがいい。電話の向こうでも、何人かの部下が、うちの上司はできると再認識しているに違いない。

まずは上司がやってはいけない電話の掛け方から書いてみよう。デスクに両肘《ひじ》をついて、右手で受話器をもつ。左手に耳かきをもち、左の耳を掃除しながら、電話をしている。ときどき急に笑いだしたりする。

受話器を左手に持ち替えて、今度は右の耳を掃除しながら同じ話を繰り返したりしている。

もしくは、受話器に手を覆《おお》いかぶせて、うつむき加減にこそこそと長電話をする。

こんな長電話をしている管理職は、周りの全員に能力がないと見透かされてしまう。長電話をするということは、取りも直さず急ぎの仕事がないということだ。

電話だから相手の顔は見えない。でも、得意先に掛けているのか、私用なのかは言葉遣いですぐわかる。

「ええっ？　まあぼちぼちだよ。今夜？　いや今忙しいからな……」。忙しければ暇な電話はかけていない。上司だけでなく、つき合っている相手も、よほど暇なのだろうと察しがつく。

仕事の電話ではないとわかっているから部下も遠慮がない。電話中にもかかわらず「課長、会議が始まります」などと声をかける。言われた課長は、わざとらしく急に改まって

「ではそういうことで、また改めて電話をいたしますので、はい失礼いたします」などと、取りつくろっている。

しかし、こんなパフォーマンスはしない方がまだましだ。部下はそんな取《と》りつくろいまでしっかりと見ている。

課長は仕事のふりをして私用電話をかけている。これだけで、部下が下す課長の評価はさらに下がる。

私用電話はかけるな、などと堅苦しいことは言いたくない。私用か公用か、はっきり分けられない電話もある。だから私用も公用も短く、要領よくというのが、ポイントになると思う。

短く、要領のよい電話は、意識して訓練しなければそう簡単にできるものではない。おそらくこれも、部下に対する指示の出し方と似ているところがあるはずだ。一度ですべての用件を伝えようとは思わないことが秘訣なのではないだろうか。

今伝えなければならないことだけを伝えるように努力する。欲張り過ぎないということが第一だろう。相手の顔が見えないから、「例の件」とか、「さっきのあの話」などという言い回しは避けた方が賢明だ。

くどくてもいいから、「三十日の打ち合わせの件」とか、「見積もりを作り直す件」などと具体的に言った方がいい。文字で書くと長くなるが、言葉にすれば数秒にすぎない。

こう書いてきて気づいたことがある。的確に指示を出せる管理職は、電話の掛け方も上手なのではないのかということだ。両者にはいくつもの関連性がある。

もしそうなら、上手な電話の掛け方をマスターすれば、それが的確な指示の出し方に応用できる。そんなことが言えるかもしれない。

「会社《ウチ》のやり方」には無意味なものが多い

褒《ほ》め方がうまい管理職は、イコール有能な管理職ととらえていい。叱られて、何クソと力を発揮《はっき》する人が中にはいるかもしれない。しかし大半の人は褒められていい気持ちになって、力を発揮するはずだ。上司にとっても、部下の短所を指摘し、ガミガミと部下を叱りつけるよりは、部下の長所を探す方がはるかに楽しいはずだ。楽しいことはした方がいい。自分のこんなところを褒められた。そんなことは案外長い間忘れないものだ。上司が自分の気づかなかったような長所を見つけてくれれば、部下は自発的にその長所を伸ばそうとする。反対に短所はいくら叱っても、進んで矯正《きょうせい》しようという気にはなかなかならないものだ。

どうやって部下の長所を見つけるようにするか。端的《たんてき》に言って、あまり細かいことは言わないということだ。

ある編集プロダクションの話だ。そこの編集者は、新人に「ワープロやパソコンを使って仕事をするのは一〇年早い」と宣言してはばからない。原稿用紙の升目《ますめ》に楷書《かいしょ》で、しかも同じ大きさで文字を書き、原稿用紙の上と下は何文字あける、カギカッコをつけるときは次にくる文字との間を半角分あけるなどと、一〇〇項目を超えるような細かい指示を出して、原稿の書き方を教えるのだという。

そして、たとえば新人の原稿が指示どおりに半角分あいていないと、「こういうことをおろそかにしてはいけない」と叱りつける。ついでに、送り仮名《がな》の間違いや、決められた表記の間違いなどを指摘する。

パソコンで育ったこの新人は、とうとうこの編集者が何を言いたいのかわからないまま、ノイローゼのようになって、半月で辞めてしまった。「若い人はこらえ性がなくて」と言っているそうだが、結局は新人が育たず、社員は高齢化しているという。

漫画の世界も手作業の部分を多く残している。覚えなくてはならない細かい決まりもたくさんある。だが、ぼくなら新人にいきなりそのすべてをたたき込もうとは思わない。

知らない業界のことをあれこれ言うのは避けたいが、聞いた話の限りでは、やや時代錯誤《さくご》かなと思わざるを得ない。原稿用紙がそのまま本になるわけではないだろう。だとすれば、むしろ原稿の中身の方に目を向けるのが当然というようにも思える。

何にしても、聞いていて思ったのは、あまり細かいことを言い続けると、かえって逆効果になるということだ。句読点の打ち方に注文をつけるより、文章の中身をチェックする方がいい。これはある意味では当たり前のことだ。しかし、細かい断片《だんぺん》を組み合わせて初めてひとつのものになるという見方をすれば、一点一画《いってんいっかく》をおろそかにしてはいけないということになる。

それぞれの会社のやり方があるだろうし、上に立つものの教え方もさまざまだろう。だが、あまり細かいことを言い続けて結局新人が育っていないとすれば、上に立つ者が何らかの原因を考えなくてはならないはずだ。

若い人のこらえ性が云々《うんぬん》とだけ言っていられる問題ではない。何でこんなことをくどくどと書いているか。形は違ってもこういう体質は多くの企業が残していると思うからだ。

「ウチのやり方はこれだ」とか、「私がルールよ」と言って部下を支配する傾向はいまだにある。

いろいろな人の話を聞くと、自分のところのやり方にこだわる上司ほど、前近代的なやり方を踏襲している傾向がある。その典型が、細かすぎる原稿の書き方に現われていると思ったからだ。

「私がルールよ」と言い切ったのは、別の会社の女性管理職だ。仕事の効率が悪かろうが自分が決めたやり方を守らせる。それがどんな細かいことであっても、守られなければ彼女の怒りのブリザードが吹き荒れるという。

本当にこんなやり方をしていて、有能な新人が育つのだろうか。新しく部下をもった管理職はぜひ考えてほしい。ひるまずに、旧態《きゅうたい》依然としたルールと闘ってほしいと思うのだが。

知らず知らず、部下のやる気を殺《そ》いでしまう「習慣」

「ため息は心を削《けず》るカンナかな」。こういう言葉がある。ため息がひとつ出ると幸せがひとつ逃げていく。愚痴がひとつ出ると希望がひとつ消えていく。そんな風に考えて、ため息や愚痴はぐっと我慢した方がいい。「はあ」とか「あ～あっ」と言って元気になる人はいない。自分一人だけではなく、周りの人間も暗くする。こんな上司がいると、部下はたまらないということを覚えておいてほしい。ため息や愚痴をこぼすだけで、部下のやる気は確実に失われていく。部下をやる気にさせることに比べれば、やる気を失わせるのは、あっけないくらい簡単だ。

管理職が具体的な目標を示し、部下の能力に合わせて、具体的な課題を示していく。ここまでやって、少しずつ部下のやる気が出てくる。そんな矢先、「あ～あっ、やってられないよな」と愚痴をひとつこぼせば、それだけで今までの努力は水泡に帰《き》す。

多少おおげさに言えば、そんなことが言えると思う。信頼関係を築いていくのはそれほど難しく、それを打ち壊すのはじつに簡単なことなのだ。だからため息はつかない、愚痴はこぼさないと意識していた方がいい。

そうは言っても、意識せず愚痴がこぼれてしまうこともある。愚痴は誰でもこぼす。ぼくだってこぼす。だからこぼれた愚痴は、さっと拭《ふ》きとる。けっしてたれ流さないということが次に大切になる。

愚痴に気づいたらさっとやめることだ。明るく笑って、「すまない、愚痴をこぼしてしまった」と謝れば、傷口は小さくてすむはずだ。

最悪のパターンは、愚痴を言っているなと気づき、なおかつそれが止まらずに、愚痴を言い続けているような状態。これが愚痴がたれ流されている状態だ。もしかしたら上司は、部下の同情を引こうとしているのかもしれない。

「こんなに努力しているのに誰もわかってくれない」。そんなうっぷんは愚痴になって出てくる。信頼している部下にわかってほしいと思い、愚痴を言う。しかし、それは無理な相談というものだ。

部下は上司の弱さなど見たくはない。上司が弱ければ、部下の生活が危うくなる危険性さえあるのだ。早く立ち直ってもらおうと思い、同情ぐらいはしてくれるかもしれない。しかし、腹の中では、「この人もここまでか」と思っているはずだ。やる気を殺《そ》ぐ上司は、部下にとっても敵なのだ。もうひとつ問題がある。愚痴は一度たれ流すと、クセになりやすい。そんな困った性質をもっている。

あなたの周囲を見回してほしい。愚痴をたれ流す人と、そうでない人に分かれているはずだ。「あの人は愚痴っぽい」と言う。愚痴でしか自分を表現できなくなってしまっているような人だ。そんな上司の下で有能な部下が育つはずがない。

では立場を変えて部下の愚痴はどうなのか。聞いておやりなさいと言いたい。「聞かなくてはならない」とか、反対に「聞くべきではない」というはっきりした考え方はぼくにはない。ぼくだったら聞いてあげるかもしれない。そんな気がするだけだ。なぜだろう。生きているとけっこう辛いこともある。愚痴を言いたいときもあるだろう。そんなことが身をもってわかるからだ。

そんなとき、愚痴を言えるのがぼくだとしたら、やむを得ない。聞いてあげてもいいよ、と思う。できれば短めにお願いしたいところだけれども。

「部下を育てよう」と思う前にするべきこと

部下をもつ上司には、部下を育てる役割がある。プロ野球の監督が、実戦の中で新人を育てていくように、チームを率いる管理職には、部下の長所を伸ばし、大きく育てていく仕事がある。とはいえ上司は教育者ではない。育てるといっても何をどうすればいいのか戸惑う人がほとんどだろう。それは、責任をもたせて、やらせてみるということに尽きると思う。自主的に伸びるように仕向けるといってもいい。そこには手本がいるはずだ。どういう上司が手本になるのか。自分を上手に育てている上司だと思う。

部下を育てるというと、あれこれと指図《さしず》がしたくなる。でもそんなことでは部下は育たない。むしろ、「君を育てようと思っている」などと言えば、余計なお世話と言われかねない。

押しつけるものではないのだ。ではどういう関係を保てばいいのか。この章の冒頭に上司は見られる存在ということを書いた。だとすれば、上司自身が上手に育っていけばいい。自分をうまく育てていけば、部下も自然に育っていくということにならないだろうか。

部下は伸びようとする上司を手本にして、自分を伸ばそうとする。自分をうまく育てれば、部下も育っていく、考えようによっては一石二鳥のうまい策だ。

ではどうやって自分を育てていけばいいのか。一言で言えば、向上心を失わないということではないのだろうか。好奇心、冒険心、探求心、向学心などなど。心に浮かぶすべてのものを大切に育てていくということだ。それらがひとつに合わさったものが、おそらく向上心だ。

自分の心に浮かぶものだから、他人には吹聴《ふいちょう》しない。一人で静かに追い求めていけばいい。かならずしも、仕事に関係のあるものでなくてもいい。むしろ、仕事と関係のない分野から自分の仕事を眺めてみる、というのもいいかもしれない。

向上心を育《はぐく》もうと思ったら、自分の心を縛《しば》らないことだ。やりたいと思うことが浮かんだら計画を立て、飛び込んでみることだ。

習い事をすると、時間の制約が厳しくなる。だからやらないというのは間違いだ。それはつまり、時間を上手につかう訓練になると考える。そう思ったら、ひそかに英会話の学校に通うのもいいかもしれない。

体を引き締めようと思ったら、曜日を決めてジョギングをする。そういうひとつひとつのことが自分育てになる。大それたことをしなくてもいい。計画し、継続することだ。

とりあえず英会話学校に通う。とりあえずジョギングを始める。そんな中から次の目標が見えてくる。きっとそういうふうになると思う。今の自分に満足しないこと、自分を変え続けること。大切なのはそんなことなのだと思う。

昨日の自分とは、ほんの少しでいいから変わっていたい。そういう気持ちをもって、努力し続ければ、部下にもあなたのひたむきさが伝わるはずだ。

そんなあなたを部下の前に見せ続けてほしい。

3章　なぜ「いい上司」を目指してはいけないか

——部下を持ったら心がけるべき事は、一つしかない

能力主義時代に、上司が陥《おちい》る「甘い罠《わな》」

時代は変わった。ビジネスのやり方も、よりドライになった。しかし何でもかんでも変わったわけじゃない。変わらないものもある。変えてはいけないものもある。変えてはいけないのは部下に対する思いやり。植物学者の牧野富太郎《まきのとみたろう》博士の言葉に、「雑草という名の草はない」というのがあるのをご存じだろうか。同じように言えば、「部下」という名の人間はいない。あなたの下で働く人々は、それぞれが個性をもってたくましく伸びようとしている。それを温かく見守る目は変えてはいけない。自分には厳しく、他人には優しく。これを実行するのは難しいが、これからも大切にしていきたい感覚だ。

これから求められる上司とはどんな上司か。忘れられがちだが、大切なことがある。それは「変えてはいけないもの」を大切にすることだ。変えてはいけないものを見分ける目、それを墨守《ぼくしゅ》する勇気。これはそのまま、求められる上司のタイプにつながる。

人に対する思いやりは、変えてはいけないものの中の重要な部分を占めると思う。

これが前提としてなければ、どんなに理想の上司像を描《えが》いても、人間味《にんげんみ》がでてこない。だしの入っていないみそ汁、しょうゆで味付けしただけのラーメンと同じだ。

しかし、いきなり「思いやり」などといっても、漠然とし過ぎている。恋人に対する思いやりもあれば、子どもに対する思いやりもあるだろう。それは同じものではない。では部下に対する思いやりとはなにか。

あなたは、ひと仕事終えた部下に「ごくろうさま」と声をかけているだろうか。さりげなく、この一言が言えれば、あなたには部下をもつ資格がある。

部下に声をかけている人は、なんだそんな簡単なことかと拍子《ひょうし》抜けするかもしれない。しかし、その簡単なことができない人がいる。実は意外に多かったりする。

声がかけられるあなたは、これからも時代に求められる上司でいられる。少なくともその資質《ししつ》はもっている。

他人に対して「ごくろうさま」と声をかけられるのは、その仕事の大変さを自分に引きつけて考えられる人だ。仕事をするのは当たり前、結果を出すのは当たり前と考えていると、「ごくろうさま」の一言がなかなか言えないものなのだ。

もしも、「ごくろうさま」などと声をかけるのが、部下におもねっているようでいやだというなら、あなたは大きな勘違《かんちが》いをしている。

たとえば、あなたの部下が自分の足で歩いて市場調査をし、ゼロから立ち上げて新製品の企画案を練《ね》って提出したとする。ここで「おっ、できたか。ごくろうさんだったね」と声をかける。これは部下におもねっているわけではない。

その企画案が通るか通らないかは別だ。しかしこの一言で部下は労苦《ろうく》が報われたと思うはずだ。この段階で言う「ごくろうさん」は、仕事の成果をほめるものではない。その労苦をねぎらうものだ。

「ねぎらい」と「おもねり」はまったく違う。大変だったろうなという気持ちが部下に伝われば、新たなやる気も起きてくるはずだ。

今、企業は欧米のような能力主義を採り入れ始めているようだ。成果第一でとにかく結果を出すことがシビアに求められる時代の到来だ。

ビジネスシーンはますますドライになる。そんな時代だからこそ、管理職にある人は思いやりをもち続けてほしいと思う。部下に対する思いやりが前提としてあって、初めてドライなビジネスができるのだと思う。

能力主義というのは、部下を機械のように扱《あつか》うことではないはずだ。できて当たり前、できなければ切り捨てるというのは、能力主義ではない。

ドライなビジネスを志向《しこう》すると「結果オーライ」という落とし穴に陥《おちい》りやすくなる。成果をだす部下がいい部下という割り切りは、管理職にとってはあまい罠《わな》だ。ジャッジが簡単だし、手間暇《てまひま》がかからない。

能力主義の時代だから、部下の評価の仕方も結果主義に変えるというのでは、だめな中間管理職になってしまう。能力主義とは本来、結果主義ではなく、プロセス主義なのだ。プロセスを大切にするということは、昔も今も変わらない。それはビジネスの基本だ。能力主義というのは、プロセスを大切にするための手法《しゅほう》と言ってもいいのではないのか。手法が変わったのであって、プロセスを大切にするということは変わらない。

見た目の時代の変化にまどわされず、結論にいたるまでのプロセスをきちんとフォローできるかどうかは、昔も今も変わらない上司の大きな務《つと》めだ。同時に厳しい時代を生き延びる管理職の条件でもあると思う。部下に「ごくろうさん」と声をかけられるのは、プロセスをきちんと見ている証《あか》しでもあるのだ。

「電子メール」の間違った使い方とは？

ＩＴ革命が進行していても、職場を動かしているのは、人間関係だ。管理職、特に中間管理職は、人間関係を煩《わずら》わしがってはいけない。能力主義の時代だからこそ、それを束《たば》ねられる管理職の統率力が試される。チームワークがものをいう時代なのだ。少なくとも管理職の仕事の半分は、チーム力をつけることに注《そそ》がれるべきだろう。こうすれば人間関係がうまくいく、などという極意《ごくい》はない。しかし、ひとつだけ言えることがある。億劫《おっくう》がらずに、一にも二にも複雑で繊細な人間関係にまみれてみることだ。

島耕作は、職場の人間関係にまみれて成長した。ここを億劫がっていては、出世は望めない。営業も、技術部門も研究部門も同じ。部下との人間関係が、仕事の成否の鍵を握っているといっても過言《かごん》ではない。

今さらのようにこんなことを言うのはわけがある。社内メールの発達によって、言いにくいことはメールに書いてすませる傾向が出てきていると言われているからだ。ちょっと待てよと思わざるを得ない。

ぼくは、人間関係は時に衝突《しょうとつ》したり、失敗したりする中でしか保《たも》てないと信じているのだ。最近は、人間関係のつまずきを恐れて、当たらず障《さわ》らずのところでしかつき合っていないように思えてならない。

部下の失敗について、上司がメールで叱責《しっせき》する。「昨日のお得意様との打ち合わせで、君のとった態度は、よくなかった。たとえ相手に非があるとしても、それを責め立てればかえって反発を招《まね》く。今後このようなことのないよう反省してほしい」

同じ課内にいて、三つ四つのデスクを隔《へだ》てた部下にこんな電子メールを書いている上司がいるのかと想像すると、気持ちが寒々《さむざむ》としてくる。ここまで極端でなくても、職場の人間関係を良好に保つため、言いたいこともきちんと言わない。遠回しに言ってすませてしまうような場面が多くなっているのではないのだろうか。

言いにくいことならなおさら、きちんと言葉で伝えなくてはならない。模範《もはん》的な答案のようにして自分の言いたいことを書いても、思いの丈《たけ》は伝わらない。叱責されるほうも、どこか他人事《ひとごと》のようにしか受けとめないはずだ。

あるいは上司は、部下にいやな思いをさせまいとしてやっているのかもしれない。人間関係を壊したくないと思っているのかもしれない。

しかしこれは逆効果だ。事態をさらに悪くさせる方にしか機能しない。部下との人間関係の煩わしさを避けて、いい上司であろうとすると、人間関係はさらに壊れやすいものになる。

むしろ逆で、人間関係も体と同じなのだ。鍛えればそれだけ強くなる。こわがって大事にし過ぎると、骨はもろくなり、足腰がたたなくなる。鍛えると言っても、荒療治《あらりょうじ》が体を壊してしまうのと同じで、そこには自《おの》ずと限度がある。

ぼくが会社勤めをしているころ、部下を立ちっ放しにさせて午前中一杯怒っていた上司がいた。もちろんこれでは人間関係が強固《きょうこ》になるはずがない。自分の言葉で、短くきちんと言うことだ。

たいていは、うまく伝わらなかったと思うだろう。だから、さらに言葉を足したくなる。相手がきちんと反応してくれなければ、わからせようと思ってさらに長く言いたくなる。しかしこれらはみんなむだな努力と思ってよい。大切なのはそのときの自分の気持ちを部下に伝えること。言葉で完璧に伝えることなどできないから、表情や、態度でそれを補完《ほかん》する。それが思いの丈を相手に伝えるということだ。

叱る、褒める、労をねぎらう、それぞれの場面で、人間関係を大切にしようと思っているのだという自分の気持ちを正面に出す。毎日少しずつ鍛えれば、体も丈夫になる。人間関係も同じだ。ふだんは放っておいて、一週間に一度とか、月に一度ジムに行っても、やらないよりはましという程度にしかならないだろう。

逆に体にいいと思うことを毎日少しずつ続けることを第一義《だいいちぎ》にするなら、場面ごとの失敗もあまり苦にならないはずだ。

部下との人間関係が密《みっ》に保たれていると、何を悩んでいるのか、どこに問題を抱《かか》えているのかなどがみえてくるはずだ。そうなれば、さりげなくアドバイスもできるだろう。

ぼくが知っている魅力的な上司というのは、みんな人間通《つう》だった。しかし、退職して一気に精彩《せいさい》を欠いてしまった人もいる。そんな人たちを見てつくづく思うことがある。「継続は力なり」ということだ。失敗を繰り返し、億劫がらずに人間関係の中にまみれている間だけ、魅力的な人間通の上司でいられるのだろう。

なぜ、「まる投げ上司」になってしまうのか

受注した仕事を、下請け会社に「まる投げ」するゼネコンの経営体質が問題視された。そのゼネコンが不況の中でアップアップしていると伝えられる。「まる投げなんかしていたら当たり前だよな」と言うのはたやすい。しかしあなたは、面倒な仕事が上からおりてくると、それを部下にそのまま押しつけるようなことをしていないだろうか。マンガのネタを取材していると、「まる投げ係長」とか、「まる投げ課長」の陰口《かげぐち》をよく聞く。上から聞いたことを下に伝えるだけの中間管理職は、次第に行き場を失っていくと考えていた方がよさそうだ。

今はどの企業も少数精鋭《せいえい》が当たり前になっている。課長といえども先頭に立って商品を売り歩かなければならない。「売り子は部下の仕事、自分はそれを管理すればよい」などと優雅《ゆうが》なことは言っていられない。

率先《そっせん》して商品を売る。チーム全体の売上をのばす工夫もしなければならない。しかも、部下の勤務評定も公正に行なわなければならない……と、何役もの仕事をこなすことを求められる。

体がいくつあっても足りないのが今の中間管理職の現状だろう。

これをしんどいと思うか、やりがいがあると感じるか。意地でも後者だと言ってほしい。そういうあなたの背中を部下は見ているのだ。

よく言われるように、部下は上司を選べない。できるだけ自分の仕事の負担を減らそうとする上司の下にいれば、部下が感じることはたった一つ。それは損をしたということだ。隣のチームのリーダーは、いきいきとして仕事をこなしている。チームの中でも笑い声がたえない。

これを横目に見ながら「うちのまる投げ課長は」とため息をついている。こんなチームではいい仕事など望むべくもないだろう。部下が上司に恵まれないと感じると、あなたのリストラを祈り、自分の配転を願う。仕事はますますおざなりになる。

部下は損をしたと感じる。しかし実際には損をしていない。いいかげんな仕事をしても、心の中では、リーダーと同じことをしていると思っているだけだ。隣のチームとの差は歴然《れきぜん》となってくる。なかなか思うような結果を出せない上層部の苛立《いらだ》ちはリーダー一人に向けられる。

つまり損をするのは「まる投げ」リーダーということになる。一見うまく立ち回っているつもりで、自分の首を絞《し》めている。意地でも、やりがいがあると思ってほしいというのは、こんな理由があるためだ。

部下にやる気をおこさせる手っ取り早い方法は、まず自分のやる気をおこすことだ。やる気のある人間には、誰も引きつけられる。

リーダーも部下に見られていると思えば、いやでもやる気を出さざるを得ない。テレビタレントや役者がいつも生き生きとしているのは、多くの人に見られているからだ。見られるということを意識しているからだ。

あなたが思っている以上に、部下はあなたのことをよく見ていると意識した方がいい。しかも隠したいと思う部分ほどよく現われるのだ。たまたま、締め切りが迫った仕事が重なっていたとしよう。そこへ、面倒な仕事がまわってきた。こんなとき、忙しくてできないから部下に頼むのだと考えがちだ。そのとおりに部下に言って、仕事を渡す。

ところが仕事を受け取った部下は、面倒な仕事をまる投げされたと直感する。同時にあなたも、面倒な仕事をやらずにすんだとほっとするはずだ。こんな感じは以心伝心《いしんでんしん》ですぐに伝わる。

こういう状態で仕事を渡すのを「まる投げ」と言い切るのは、気の毒な気もする。しかし、一度面倒な仕事をまる投げすると、今度はたいして忙しくなくても部下に仕事を押しつけたくなる。

こうなると、押しつけるための理由を探すようになる。「ちょっと体調が悪いのだ」とか、「もっと重要な仕事をしているから」とか、理由はどうとでもつく。しまいには、理由がなくてもやるようになる。気がつけば、まるでバケツリレーのように、右から左に手渡しするだけの存在になってしまうのだ。

こんなことにならないようにするためには、面倒な仕事ほど、管理職の力量が試されると考える方がいい。どうしても部下に渡さなくてはならない事情があるときは、自分の中で一度シミュレーションし、問題を把握《はあく》したうえで、任《まか》せた方がいいだろう。

「オタクの時代」に、上司に求められる能力

これからの上司は、常に適材適所ということを意識しておく必要があるのではないか。能力主義とは、必ずしも一騎当千《いっきとうせん》のつわものをつくりだすことではない。適材を適所に配置して、組織としての総合力をつけていくことだと思う。プロ野球のピッチャーにたとえれば、先発完投タイプだけを良しとして育てるということではない。能力に応じて、中継ぎも、ストッパー役も育てるということだ。一人一人がばらばらに力を出すより、まとまった方が力は倍加する。能力主義の時代とは、言葉を変えればチーム力の時代でもあるのだ。

能力とはすなわち個性である。ぼくはそう思っている。

今までのビジネスマンは、何でも平均的にこなせる能力が求められた。規格化された製品を大量に生産する時代には、それが求められた。没個性の時代だ。

なんでも平均的にこなせる能力とは、ミスを避ける能力でもある。大量生産にとって、ミスは命取りになる。

しかし、これからは多品種少量生産の時代だと言われている。こういう時代には、ミスを避ける能力はそれほど重要視されない。それ以上にチャレンジ精神が求められるだろうし、自分にしかない独自の能力・才能が求められる。

教育を例にとろう。これまでは、主要教科で、不得意をなくすことに重点がおかれていた。国語、算数、理科、社会で平均点が二点上がったとか、一点下がったということが問題になる。

しかし、これからの時代でより大切になるのは、「得意教科は何か」ということだ。たとえば、語学が得意だとする。ならばそれを徹底的に伸ばしましょうという考え方だ。理科や社会の成績が1でも、それは問わない。

能力とは、個性そのものなのである。これを「オタクの時代」と呼んでもいいだろう。

パソコンのプログラミング能力は抜群《ばつぐん》である。しかし、「完璧」と「完璧」の区別はつかないいし、興味もない。そんな人材が次々に出てくると思う。

中間管理職はこういう人材を束ねて、チーム力をつけていかなくてはならないわけだ。言葉は悪いが「パソコンオタク」の能力を見抜けず、営業に回しては、宝の持ち腐《ぐさ》れとなる。あるいは彼の出した企画書を、「こんな幼稚な文章しか書けないのか。書き直せ」などと切ってしまっても、管理職としての能力が問われかねないことになる。

たとえば、このパソコンオタクと、人の話を上手にまとめられる能力をもった文章オタクを組み合わせて、企画案をつくらせる。というようなことをぱっぱっとしなくてはならない。

パソコンのプログラミングなどというのは、かなりわかりやすい能力だ。こんなはっきりとした能力ではないものでも、きちんと見抜く目をもっているかどうか。あるいは、本人すら気づかない能力を発見できるかどうかだ。

演技力が旺盛《おうせい》な部下を見て、「これは得難《えがた》い才能だ」と認められるかどうか、そんなことが求められているように思う。そう考えていくと、いつも言い訳ばかりする部下さえ、それもひとつの能力かと認められる。

へえ　こりゃ　また　変わり種だ

ここまでいくと、ちょっと極端すぎるかもしれない。要は、誰にでも能力があると言いたいのだ。それを能力とみなして使えるかどうかは、上司の腕次第だ。

もしも一人の部下に三つも四つもの能力を発見できれば、機に応じて適材を適所における。彼らが思ったような力を発揮すれば、それがチーム力となる。

能力とは個性なのだと思えれば、その能力を伸ばすことに力を注げる。部下の短所を責めるより、能力を伸ばす方が上司にとってもやりがいのある仕事になるはずだ。

もっとも、言い訳の能力などは伸ばしてもしかたない。こんなときは、「どうも君の言い訳を聞いていると、説得されてしまう。その説得術を営業に生かせたらすごいと思うよ」というように言ってみる。

「言い訳ばかりしていないで、営業成績をあげろ」と怒鳴るより効果はあるはずだ。後者はミスを犯さない、平均点を上げることが重要だと考える管理職が言いそうなことだ。どちらにしても、少数精鋭で闘わなくてはならないのだから、貴重な戦力はできるだけ有効に活用したい。

文句を言いながら、チーム全員を平均的な戦力にまとめるのもひとつの方法だ。しかし、凹凸《おうとつ》は激しいが、それぞれはっきりした個性をもっているというようにした方が、かえってチーム力は増すはずだ。

鬼軍曹をきどるより、個性を伸ばすコーチ役を選ぶ方が、仕事のストレスもたまりにくいと思うのだが。

「うわさ話」の対処法

少し前までは、情報の管理が部下の管理につながっていた。もちろん、情報をうまく伝えるのが管理技術だ。しかしこのほかに、溜《た》め込む、隠すという裏ワザも情報管理の中には含まれていた。情報を小出しにして部下を管理する。そんなことも当然のように行なわれていた。しかし今は、平の社員と社長がEメールで直《じか》に話せる時代だ。情報を溜めたり隠したりして部下を管理するなどということはできない。ではどうすればいいのか。フルオープンを念頭において、分析・加工技術を身につけることではないだろうか。

ある特定の人しか知り得ない情報は蜜の味がするという。どこからどう仕込んでくるのか、やたらに上層部の情報に詳しい人間がいる。「今年のキャンペーンの企画が決まらないのは、部長を困らせようとして、ゴネている専務がいるからなんだ」

こんな話を聞くと、「誰だ、その専務は」と、気になる。会社の状況を左右しかねない上層部の動向は、みんな気になるはずだ。今年のキャンペーン企画はこれだというのが表情報だとしたら、ゴネる専務の話は裏情報。こうした裏情報は口コミで、末端まで伝わりやすい。まして今は電子メールの時代だ。あっという間に広がる。

そして、時として部下から「○○専務がゴネているという話は本当なのですか」などと、聞かれたりするのだ。管理職にとって、この手の質問ほどやっかいなものはない。知らないというのはかっこうが悪い。知っていても、そうだとは肯定しづらい。うっかり言いそうで、しかも絶対に言ってはいけないことがある。

「そうらしいね、あの専務にも困ったものだ」

うわさの肯定と、根拠をもたない批評という二つの過《あやま》ちを犯している。うっかりこんなことを言うと、次には「○○課長が専務を批判している」といううわさが広がりかねない。うわさ話は尾ヒレがついて、勝手に歩き回るということを覚えておいた方がいい。

こんなときはどう答えればいいのか。以前なら、「そんな話は聞いていない」と突っぱねればそれですんだ。しかし今は、うわさ話に付随《ふずい》する情報を得ようと思えばわりと簡単に得られる。「聞いていない」、「知らない」だけではすまないこともある。

ぼくならこんなふうに答えるだろう。「うわさ話は知らない。でも企画会議が例年になく長引いているのは事実だ。どんな結論が出ても対応できるよう、できる準備だけはしておこう」

企画会議が長引いているというのは客観的な事実だ。事実は事実として伝えていい。それに対して自分たちは何をしなくてはならないのか。あとであわてないために方向だけはきちんと示しておく。

これからの管理職は、情報の取り扱いについて、新聞の解説記事を書く解説委員のような感覚が求められるのだと思う。ポイントは三つある。

第一はうわさにまどわされず、客観的な事実だけをベースにする。事実は一つよりも二つ。複数の方が良い。第二はそれを自分のセンスで加工してわかりやすく伝える。第三は、大勢の動向からはずれないということだ。

第三については少しわかりづらいかもしれない。要するに、奇をてらうような突拍子《とっぴょうし》もない意見は出さないということだ。新聞の解説記事に突拍子もない意見はない。多くの人が考えているようなことがベースになっている。大切なのはこのセンスだと思う。

中間管理職というのは、言ってみれば現場のリーダーだ。現場にわかりやすい指示を的確に出すことが求められている。情報はそのためのツールだ。

たとえば、課長のあなたはすぐれた個性をもち、独創《どくそう》的なアイディアを生み出せる資質をもっているとする。平凡な考え方や、やり方はつまらない。自分らしさを発揮したいと、客観情報に独創的な見方を加えて部下に示したとする。

おそらく三分の一はあなたが何を言っているのか理解できない。三分の一はなんでそんなことをしなければならないのか理解できない。三分の一は、よくわからないがまあいいかということで、パラパラと拍手する。たぶんこれでは部下のやる気を引き出せない。ではどこが違っているのか。独創的なやり方をそのまま部下に示したところだ。

部下が何を知りたがり、何をやりたがっているのかを知ることだ。それに即して自分の意見を付け加える。部下に迎合《げいごう》するということではない。半歩リードして、引っ張るということだ。五歩も六歩もリードすることはない。半歩でいい。半歩リードしたところで、情報を管理していればいいのだ。

部下を褒《ほ》める「絶好のタイミング」

人を褒めるのが苦手な人がいる。損な人だと思う。損なタイプは二つある。ひとつはやって当然、できて当たり前と考えるタイプ。挫折を知らないエリート管理職にこの手のタイプが多い。もうひとつは、ひたすらシャイなタイプ。恥ずかしくて言葉に出して褒められないというタイプだ。前者のタイプの管理職は、部下を褒めるのも仕事の内と心得て褒め方を学んでみる。後者のタイプは、役者にでもなったつもりで、多少おおげさに褒める練習をしてみるといい。部下を褒めるとき考えなくてはならないのはタイミングだけだ。注意を与えるときはひそかに、褒めるときはみんなの前でというぐらいに思っておけばいい。

部下を叱るとか、注意するときはよほど慎重にした方がよい。間違えれば失敗することもある。褒めるのはこれに比べればはるかに簡単だ。タイミングさえ間違えなければ、どう褒めてもいい。こう褒めなければならないなどという決まりはない。

では絶好のタイミングとはいつなのか。褒めたいと思ったとき直《ただ》ちにということだと思う。叱るときはぐっとこらえる時間がいるが、褒めるときはすぐに褒める。そうすれば、感情のおもむくままに言葉が出てくるはずだ。

「よくやってくれた」と言ってもいい。感極まって言葉が出ないなら、無言で肩をポンポンとたたいてもいいだろう。

何を言ったかが問題ではない。それ以上に、自分の感情をどう素直に出すかが大切になる。叱るときと正反対の行動をとればいいと思っていればいいのではないのか。

たとえば、あなたのチームの出した企画案が採用されたとする。もちろんチームを束ねたのは課長であるあなただし、その点について部長からもねぎらいをうけている。しかしあなたとしては三人の部下の労をねぎらいたいと思っている。

こんなケースのとき、ぼくなら部下を誘って飲みにいく。おそらく自分の行きつけの店に連れて行くと思う。うまいワインを一本開け、乾杯の前に簡単なスピーチをさせてもらう。

そこで、一人一人の部下の功績を褒める。具体的に細かいことを褒める。彼は仕事を家にもって帰ってやっていたとか、彼女があそこでミスを見つけてくれなければ企画は通らなかったろうというように、全員を褒める。

喜ぶときはみんなでいっしょに喜ぶ。これがチームをうまく引っ張っていく鍵になると思う。

では、一人の部下を褒めなくてはならないときはどうするか。たとえば、トップの営業成績をあげた部下がいたとする。もちろんみんなの前で、よく頑張ったと褒める。では仕事が終わった後、その部下を連れて飲みにいくか。

ぼくは多分やらない。やってはいけないということではない。好みの問題かもしれないが、なんとなく一人の人間をごほうびのように飲みに連れて行くというのは、違うような気がする。こんなときは気の合う仲間同士で祝杯をあげる方が、楽しいものだ。

飲みに連れて行くなら、ノルマを達成できず、営業成績が悪かった部下の方かもしれない。もちろん、仕事の話などしない。お疲れさんという、これもねぎらいだ。愚痴をこぼ

今日は大勢連れてきました

すかもしれないが、黙って聞いてやる。最後に、「見ていてください、来月はやりますよ」という気になってくれればいい。

「期待しているけど、あまり無理をするなよ」としめくくれれば、飲みに誘ったかいがある。部下を褒める話とはちょっとずれてしまった。

最後にひとつだけ、上司がやってはいけないことをあげておきたい。たとえば一人の部下をみんなの前で褒める。このときに、つい口をすべらせて「それに引き換え○○君の成績はどうだ、トップの人の爪の垢《あか》でも煎《せん》じて飲んだらどうだ」などと言ってはいけない。絶対にいけない。

褒めるときは純粋に褒める。他人と比較したり、他人をこきおろしたりしてはいけない。こんなことをすると、褒められている方がしらけてしまう。褒める人の品性も疑われることになりかねない。

「さしつさされつ」は、今や大人の飲み方ではない

上司が部下に酒を強要する。これはあってはならないことだ。こう書くと、多くの人は何を今さらわかり切ったことを言っているのかと思うかもしれない。しかし、こうしたイジメのようなことがまだ平然として行なわれているようなのだ。市民団体の「イッキ飲み防止連絡協議会」の調査では、相変わらず、先輩社員や上司がイッキ飲みを強要したり、無理に酒を飲ませて酔いつぶすなどということをしている実態が明らかにされている。アルコール・ハラスメント、「アルハラ」は、やる人の品位が疑われるだけではない。前世紀の遺物《いぶつ》として、アルコール漬けにして博物館に陳列《ちんれつ》されるかもしれない野蛮《やばん》な行為なのだ。

酒が飲める上司にとって、飲めない部下がいるというのは信じられないことなのかもしれない。

新人のころ、上司に「食事に行こう」と誘われて、喜んでついて行ったら飲み屋だったという知人がいる。酒が飲めないその知人は「上司は食事代わりに酒を飲むのかとびっくりした」と言うのだ。

「自分は酒が飲めません」と言うと、今度はその上司がびっくりした顔をしたそうだ。二人でびっくりし合って、知人はお茶をすすりながら上司につき合って焼き鳥を食べたという。だが、その後二度とお呼びはかからなかったと話してくれた。

飲める上司は、気軽に「一杯行こう」と部下を誘う。しかし、飲めない部下に「帰りにお汁粉《しるこ》でも食べて行こうか」と誘う上司はいないのではないだろうか。それくらい、ビジネスの社会に酒が浸透している。

飲めて当然、鍛えれば酒は強くなると信じている上司も多い。そんな酒のうえでの「武勇伝」を誇らしげに語る上司もいる。だが、誇らしげにお汁粉にまつわる武勇伝を話す上司はいないと思う。

ここに多くの誤解や、ある種の差別が生まれる。飲める人間からすると、飲まない人間は酔って醜態《しゅうたい》をさらすのがいやで、飲まないのではないのかと考えがちだ。そこで、無理に飲ませれば、鍛えられると勘違いする。

あるいは、気取り屋、かっこつけたがり屋だからみんなと飲まないのではないのかと差別する。

こういう誤解や、差別感が、酒を飲めない人に対する陰湿なイジメとなって現われる。体質的に飲めない人がいるのだ。このことをまず理解しなければならない。体内にアルコールを分解する酵素《こうそ》をもっていない人で、こういう人はたくさんいる。

こういう人にアルコールを無理強《じ》いすれば、急性アルコール中毒に陥る。これは体質の問題であり、鍛えれば飲めるようになるということではない。多分こういうことを知らないのだろう。いまだに、「おれの酒が飲めないのか」と無理強いする上司がいるという。脅《おど》すわけではないが、飲めない体質の人に無理やり酒を飲ませて急性アルコール中毒にでもなれば、刑法でいう「傷害罪」が成立する可能性がある。強要罪や脅迫罪の可能性もある犯罪なのだということを知っておいた方がいい。

それに、「おれの酒が飲めないのか」というのは、二十一世紀のビジネスシーンには合わないような気がする。親分子分の杯《さかずき》を交わすようだし、酒が飲めるとしても、無理強いされるのはいやだ。

さしつさされつという飲み方は、最近では友達同士でもあまりやらないのではないのか。いっしょに飲んでいても、それぞれの適量がある。自分でいいだけ自分のペースで飲むというのが、大人の飲み方だと思う。

最後に、酒は無理強いしない方がいいという教訓になる話を披露しておこう。友人から聞いた話なのだが、酒は強いと豪語している課長が、新人の女性社員三人を引き連れて飲みに行った。

翌朝、二日酔いを押して出社した課長に向かって、新人女性社員がこう言ったそうだ。

「昨日はごちそうさまでした。課長って意外と弱かったんですね」

うっかり「おれの酒が飲めないのか」などと言った課長が酔い潰《つぶ》されるということだってある。

「茶髪《ちゃぱつ》の新人」を変えた一言

どの会社にも規則がある。規則は守らなければならない。でも、「なぜ守らなければならないのですか」と聞かれたら、あなたはきちんと答えられるだろうか。「なぜって規則だから」などという押しつけは、若い社員には通用しない。「では規則にないことならしてもいいんですね」と反撃されたりする。なぜ規則を守らなくてはならないのか、部下を説得できる自分の言葉を用意しておいた方がいい。役職の肩書で、部下を黙らせることができる時代ではなくなっているのだ。

ある会社でのことだ。女子社員が、夜にアルバイトをしているといううわさがささやかれた。仕事が終わったあと、飲食店の洗い場で食器洗いのアルバイトをしているというのだ。会社の就業規則には、「二重就職の禁止」が定められている。規則違反だ。うわさを耳にした上司が彼女を呼んで尋ねてみた。彼女はあっさりとアルバイトをしていることを認めたそうだ。「ええ、してますけど、それが何か」

これには聞いた上司が驚いた。「だって君、それは会社の就業規則違反だよ。知らなかったの?」

「そんな規則があることは知ってましたけど、でも、どうしてアルバイトしちゃいけないんですか。会社が終わったあとだし、誰にも迷惑をかけていませんよ。残業だってちゃんとやってるし、遅刻もしてないです」。たしかに彼女の言うとおりだった。

その上司はぐっと言葉につまってしまった。「アルバイトしなくちゃいけない理由でもあるのか」。「プライベートなことですから、言いたくありません。仕事が終わったあとは何をしても自由なんじゃないですか」

規則で決まっているというだけでは彼女を説得できないと思った上司はこう言ったそうだ。「君は会社に迷惑をかけていないというけれど、寝不足で仕事をすれば、業務に響くだろう」

しかし彼女は動じない。「響きません。週三回だけのバイトですから。それにうちの会社の人で、週何回か夜学《やがく》に通っている人もいますよ。課長のおっしゃる通りなら夜学も通っちゃいけないんですか」

「それは違う。それにアルバイトが禁止されているのは、会社の秘密がもうひとつの仕事で、外部に漏れる危険性もあるからだ」

「課長、私がしているバイトは皿洗いですよ」

この課長はそれ以上何も言えなくなってしまった。そうは言ってもアルバイトが許されるはずがない。あなたたなら、こういう部下をどう説得するだろうか。

一筋縄《ひとすじなわ》ではいかないと思ったこの課長は、彼女のふところに飛び込んで見ることにしたそうだ。「わかった。なぜバイトをしているのか理由を聞かせてくれないか。その理由が正当なものなら、目をつむろう」

彼女は海外留学を決意していたのだ。費用があと少し足りない。このままバイトを続けられれば、あと半年で会社を辞めるとも言った。彼は目をつむることにしたそうだ。

彼の対応が正しかったのかどうか、ぼくにはわからない。この話は、こういう社員が出てくる時代、会社の秩序はいったいどうなるのだろうという点で、興味深かったのだ。

じつはもうひとつ話がある。今度はこれと逆のパターンだ。その課長は配属されてきた新人の部下を見て唖然《あぜん》とした。金髪に染めていたのだ。

彼は敢然《かんぜん》として言った。「髪を元に戻してから出社しなおせ」。この高圧的な言い方に新入社員はカチンときたのだろう。「就業規則のどこに髪を染めてはいけないと書いてありますか、そんなことは書いてなかった」と言う。

こんな新人も会社に入ってくるのだ。しかし、実はこの新人、課長の次の一言を聞いて、翌日にはちゃんと髪を黒く染めてきたそうだ。

課長はこう言った。「君の面接のときにぼくは立ち会っている。あのときの君の髪は黒かったじゃないか。金髪だったらぼくは君を採らなかった」

規則を振りかざしても、なかなか若者たちは納得しない。組織の中では、みんなのために我慢しなくてはならないこともあるのだということをわからせていく。そんなことも上司の仕事に含まれているのかもしれない。

「郷《ごう》に入っては郷に従え」は世界共通のルール

国際化時代の中では、ひとつの会社の中で複数の国籍の人が働くことも珍しくなくなってきている。言葉はもちろん、文化も習慣も価値観も異なる外国人の部下を、どう使えばいいのか。不安に思う人もいるはずだ。たとえば、社内での「根回し」とか、お得意さんとの交渉の微妙なニュアンスをどう教えればいいのか。日本のビジネス界特有の「ローカルルール」をどうわかってもらうのか。考えれば頭が痛くなる。しかしここでひるんではいけない。「郷に入っては郷に従え」ということわざは世界共通だ。日本の国でビジネスをする以上、日本のルールに従ってもらう。そんなつもりで誠意をもって接していけばいいのではないだろうか。

今度あなたのチームに配属されてくる部下は、アメリカ人の女性。片言の日本語しか話せないという。一方あなたは片言の英語しか話せない。

彼女はアメリカの子会社から派遣されてきたエリートで、将来はアメリカ法人を背負って立つことが期待されているといううわさもある。それがあなたの部下になる。

こんな状況におかれたら、よほどの人でなければ、びびってしまう。びびるなという方が無理だ。多分ぼくがこの立場にいたとしてもびびるだろう。ぼくの描く漫画の主人公島耕作は課長時代、フィリピンの現地法人で、似たような体験をしている。

しかし彼は英語を話す国際派だ。それほど苦労はしなかった。島耕作のように、どんな環境にも柔軟に対応できる人間なら、国際化時代にもしなやかに対応できる。しかし、純粋な国内派として育ってきたぼくたちは、時代が変わったといわれても、「はいそうですか」と対応はできない。

たいした慰めにはならないだろうが、みんな同じだ。しかし、どんな環境にもひるまずに向かっていけるのがぼくたちの強み。最初はびびっていても、なんとかうまくやっていくだろう。

さて、ではアメリカからやってきた有能な部下にはどう接していけばいいのか。基本的

ローラ　俺達は
仕事をしているんだ
注意されたぐらいで
涙を見せるな！
COW!!

には他の部下と同じに接していく。お客様扱いをしないということだ。当たり前のことだが、意識していないとお客様扱いをしがちになる。

多分ぼくなら、いろいろな部下と組ませて仕事をさせる。日本のビジネス社会を飾らずに見てもらうにはそれがよさそうだ。部下にとっても、アメリカのキャリア・ウーマンの仕事ぶりを目《ま》の当たりにできる、めったにないいい機会になる。

最初のうちは、おじぎの仕方や、名刺の出し方、受け取り方などで戸惑うことがあるかもしれない。だが、会社の一員としてお得意さんのところに行くときは、相手に失礼のないように、日本流で応対するようにと、ちゃんと言う。

日本のビジネスのやり方をわかってもらうには、こんなふうに形から入るのが手っ取り早い方法のように思えるのだ。

「セクハラ感覚」が最も問われる時

異性が「いやだな」と感じることを言ったりしたりするのが、セクシャルハラスメント。確信犯でこんなことをする管理職は二十世紀中に絶滅したと思いたい。しかし残念ながら、確信犯でないセクハラはまだあちこちで見られるようだ。ぼくが見るところ二通りのタイプがある。ひとつは、誤解型。極端に言えば、自分が女性に触ると、女性は喜ぶと思い込んでいるようなタイプがそれだ。第二は、鈍感型。セクハラまがいのことをしているのにそれに気づかないタイプだ。女性の部下をからかったり、カラオケでデュエットを強要しても、親密さの現われと思っている上司だ。こうしたセクハラ上司が二十一世紀に生き残ることはまずない。

セクハラ感覚が鈍《にぶ》い人は管理職になれないし、間違ってなっても寿命は短い。そんな気がする。

わかりやすい例をあげよう。「女はお茶くみでもしていればいいんだ」。こんなことをあたりはばからず平気でいう上司が、セクハラ感覚が鈍い上司だ。ビジネスの社会は、男が支配する世界で、女性はそのアシスタントに回ればいい。こんな感覚の中から、「お茶くみ」発言が飛び出す。

いかにも古い発想だ。自分は旧タイプに属す人間で、女性が活躍する時代は受け入れたくない。だとしたら、第一線を退《しりぞ》くしかないということになる。年齢の問題ではない。考え方の古さの話だ。

旧式の発想方法しかもてない上司は、新しい発想をもった部下を使いこなせない。これは当然のことだろう。そして、いくら旧式の発想を隠していても、思わず現われてしまうのがセクハラ発言なのだ。

ふだんは進歩的なことを言っている上司がいた。ところが宴会のときに女性社員を男性社員の間に座るように指示し、お酌《しやく》をしろとか、酒を注文して来いなどとこき使い、いっぺんに馬脚《ばきやく》が表われたという話を聞いたことがある。

「酒の席でセクハラまがいのことをされる」と訴える女性は相変わらず多い。もはや酒のうえのことという理屈が通る時代ではなくなっているのだ。自分がされたり、言われたりしていやだなと思うことは、相手にしたり言ったりしない。これが基本だ。

もちろん、こういったセクハラ感覚は、上司がわきまえていればそれでいいということにはならない。部下のセクハラ疑惑にきちんと対応できるかどうか、そんなことでも、上司のセクハラ感覚が問われるのだ。

ある会社での話だ。部下の女性が同僚の男性からセクハラ被害を受けていると、上司に訴えでた。

前の席の男性社員が、時々変な目でその女性社員をじっと見るので、気になって仕事ができない、男性社員の席を替えてくれというのだ。その男性社員は、おとなしい人柄でセクハラなどするとは思えないタイプだと言う。

「席が向かい合っているのだから。目ぐらい合うだろう。君の思い過ごしじゃないの」。彼女は違うと言う。それどころか、「課長も男性だから男性の味方をするのですか」とまで言う。

そこまで言われてはしかたない。「調べてみるから少し時間をくれないか」と、ひとまずその場をおさめたそうだ。しかし、どうすればいいのか。はたと困ってしまった。まさか男性の部下を呼び出して、前の席の女性を見ているのかとは聞けない。しかも課長のデスクから男性の席はちょうど死角になってしまっている。

やむを得ず、何かと用事をつくっては席を外し、それとなく男性を注意していたが、変な目でじっと見るというところはなかった。しかし、いつも男性を見張っていたわけではないから本当のところはわからない。

考えあぐねたあげく、この課長はひとつの決断を下し、女性の部下を呼んだ。「いろいろ調べてみたが、君の言うような様子はみられなかった。しかし、気になって仕事ができないというのも問題だ。要は彼と目の合わない席に君がいられればいいんだろう。だったら、空いている席がひとつあるので、そこに君が移るというのでどうだろう」

しばらく考えていたが、結局この女子社員は課長の提案を受け入れたという。このとき初めてこの課長は、女子社員が訴えた何らかの事実はあったのだなと確信したという。女子社員はみんなの好奇の目を覚悟で席を替わる。それでも替わりたい事情が前の席にはあったということだ。

「いい上司」になろうなんて思わなくていい

部下から初めて「課長」と呼ばれた時、いったい何を感じただろうか。震えるような責任感と同時に、「いい上司になろう」と思ったかもしれない。では、いい上司とはいったいどんな上司だろう。ばりばり仕事をこなす能力があり、責任感が強く、ユーモアのセンスもあって、部下思い、部下の公正な評価ができて、決断力がある。行動力も抜群で、約束は必ず守る。部下をかばって経営陣とやりあい、部下の失敗の責任をとる。これがいい上司の最低条件と言われたら、辞令をもらった日に辞表を出さなくてはならなくなる。だからそんなに肩肘張らなくていい。上司になった時、心がけるべきことは実は一つしかない。

アットランダムに並べたが、冒頭に書いた理想の上司像はあるアンケート調査からのもの。部下が上司に求めているものだ。責任感、決断力、行動力などなど厳しい注文がたくさんつけられている。

これらをみな兼ね備えれば理想の上司ができあがる。しかし、いきなりあれもこれもと望んでも、かなうものではない。もっていく荷物が多すぎると、楽しい旅はできなくなる。だから何かひとつ、これだけはしっかりもっていたいというものをもつ。

誠実さでもいいし勇気でもいい。ちょっと気恥ずかしいけど愛情だっていい。ともかく、部下とともに一生つき合っていこうという大切なものを一つだけもつ。

あとはいらない。もちろんこれでは理想の上司像からはほど遠いし、「いい上司」でもないかもしれない。まだ若葉マークのついた、ちょっと頼りない新米上司だ。それが本当のあなたの姿なら、何も「いい上司」を気取ることはない。

まだ部下に信頼される何物ももっていない。あるのは大切な一つの荷物だけなのだ。これから悪戦苦闘して、部下の信頼を勝ち得ていく。その覚悟さえあればいい。

言ってみれば、「発展途上上司」。まだまだ失敗もするし、恥もかく。そのことも覚悟しておく。恥も失敗もおそれない。

実は、そういう状態であり続けるのが、本当の意味でのいい上司なのではないのかと思うのだ。おそらくいい上司というのは、できあがった姿ではない。悪戦苦闘してもがいている状態が、周りから見るといい上司に見えるのだ。

その意味で、気持ちのうえでは「発展途上上司」であり続けることがより大事なのではないのかと、ぼくは思う。

島耕作もまだ発展途上の男だ。未熟だが、それだけにまだまだ上を目指す可能性を秘めている。出向先のレコード会社で、音楽業界に手を染めていたし、その前は輸入ワインを扱ったりもした。

島耕作は目まぐるしいぐらいに活動の場所を変えている。これは、ひとつのポジションにでんと腰を据えて、仕事や生き方に慣れさせたくないというのが、理由のひとつとしてある。ストーリーをマンネリ化させたくないとか、ぼく自身がワインを始め、いろいろなことに興味をもってしまうという理由もある。

ぼくの興味に島耕作がつき合わされているという気の毒な面もあるのだ。

転石《てんせき》こけを生ぜず、ということわざがある。ぼく自身も未熟だ。未熟だからいろいろなものを吸収しようとして悪戦苦闘している。困ったことに、この悪戦苦闘というやつが、ぼくは嫌いではないのだ。

この辺りはぼくも島耕作に似ていなくもない。彼の方がもう少しそれをスマートに行なっているだけだ。

おわかりいただけただろうか。「いい上司」になってしまったら、もうそれ以上変わりようがない。ただ「いい上司」を続けるだけだ。もうその先を諦《あきら》めてしまい、ひたすらいい上司であり続けるような生き方は、ぼくはあまり好きではない。

だから、「いい上司」になろうなんて思わなくていい。ぼくはそう思う。

4章　成果を上げる上司、上げられない上司

――「中間管理職」という生き方が変わる

こう思えるまで、新しいことを始めてはいけない

中間管理職のサバイバルゲームが始まっていると言われている。「管理職受難の時代」とも言われる。どう受け止めるかは個人の自由だ。しかし、辛いとか苦しいとか言っても状況が好転するわけではない。むしろ変化の大きい時代なら、チャンスも大きいと考えた方が得だと思う。世の中をこう見なくてはならないなどという決まりはない。自分の好きなように見ればいい。チャレンジする勇気さえ失わなければ、活躍の場はいたるところに広がっている。ぼくはそう見る。辛い時代は、変化を恐れる者の中だけで続いていくのではないのだろうか。

長い人生の中には、その人間の価値が試されるときが、一度や二度は必ずある。こんな時は積極的に打って出る。闘いもせずに投げ出してしまうのはもったいない。

やってみなければ、うまくいくかどうかわからないことが、世の中にはたくさんあるはずだ。

今いろいろなメーカーで、管理職研修が始まっている。会社の施設に集まり、休日を返上してみっちりと研修を受ける。最終日には試験で成果が調べられるというところもある。試験が行なわれているところでは一定の点数が取れなければ、補習が待っている。

このようなことから、研修に名を借りた中間管理職イジメではないかと感じる人もいるようだ。その気持ちは痛いほどわかる。

研修日の初日は、人事部長あたりがあいさつする。本来の会社の仕事ではないということか、ラフなかっこうをしている。このクラスのラフなかっこうというと、たいていゴルフウェアだ。ゴルフウェアにジャケットなどをはおっている。

イヤでも楽しいゴルフを思い出させられる。しかも、説教するのはゴルフ三昧《ざんまい》でいつの間にか部長になったような人間だ。それが部下には自ら変わらねば生き残れないなどと説教しても、あまり説得力はない。

「あいさつが終わったらそのままゴルフか。おまえもこちら側に座ってやってみろ」。そんなふうに見る者がいても無理からぬところだ。

しかし、そう感じてしまっては、研修はただ耐えるだけのものになってしまう。

頭を切り替えて、たとえば会社が高い費用を負担して、わざわざ自分の能力を高めてくれようとしていると考えてみる。部長がゴルフをしているときに自分は苦しい勉強をして、能力を蓄《たくわ》えている。しかも身についた能力は自分のもの。どう使うかは結局自分しだいだ。そう考えると、研修にも意欲がわいてくるのではないのか。

研修を受けろと命じられたら、それはあなたの価値が試される数少ないチャンスだ。人に試されるのではない。自分自身に試されるのだ。試される内容は三つ。頭を切り替えられるか、初心に戻ってトライできるか。結果を出せるかだ。

特に大切なのは最初の二つ。頭を切り替えて、初心に戻ってトライできれば、結果が出なくてもクヨクヨすることはない。「天は自ら助くる者を助く」。そんな言い方がある。自分がやらねば、誰も助けてはくれない。

「それでいい」と思い定める。そこが出発点になる。その思いをつき進めていくのが勇気。覚悟を決めても、勇気がなければ、なかなか前に足は出ない。

だから、ピンチに追い込まれたなと思うとき、呪文《じゅもん》のように「誰も助けてくれないぞ」と唱《とな》えてみる。声に出さなくてもいい。そのときに、自分の力で解決すればいいのだと思えれば、一歩が出る。これが勇気だ。

逆に言えば、自分の力で解決しようと思えるまでは、動いてはいけない。ぼくはそんなふうに考えて、これまでやってきた。

新しいことにチャレンジするときは、いつもこの気持ちを大切にしたいと思ってやってきた。周りにどう見られてもいい。大切なのは、自分が自分をどう見ているかだ。

勇気をもって一歩出ようとしているか。いいかっこをしたいだけで動こうとしていないか。人に言われてしぶしぶ動いていないか。誰も助けてはくれない。どう行動するかは自分自身に試されているのだ。

「禁煙」一つで、世界が変わることもある

人脈を社外にもつ。これは今世紀当たり前のことになる。社外にあまり人脈をもっていない人がいれば、いろいろなチャンネルを使って育てた方がいい。異業種の人、世代が異なる人、人種や性別が異なる人、こういう人たちとのコミュニケーション・チャンネルを意識してもつ。もっているというだけでは不十分。月に一、二回は会って情報交換をするようにする。ギブ・アンド・テイクで情報のやりとりができる、お互いに活用しあえる間柄であることが好ましい。趣味の場、業者が主催するパーティー、地域のコミュニケーション。ある程度深く、とにかく広い人脈を社外にもっている。これからはそんな管理職が活躍するに違いない。

社内の人脈がほとんどで、社外の人脈など考えられないという中間管理職の方が多いのではないだろうか。

無趣味だし、英会話の学校に行くなどという時間も取れない。同窓会さえ時間がなくて顔を出さない。ＰＴＡのつき合いも奥さん任せ。これでは、社外に人脈をつくることなど当然できない。

実は意外なくらい、こんな社外の集まりが大事なのだ。趣味をもてば、共通の会話と、異業種、異性・異年齢の人々とつき合うチャンスが生まれる。そして、実はちょっとした好奇心さえもっていれば、こんな人脈をもち、育てることは難しくない。

ある中間管理職の男性は、こういうチャンスを次々に潰《つぶ》して、ひたすら社内の人脈の育成に努めていた。と言っても、仕事で家と会社を往復するだけの毎日だ。家族以外で話をするのは、昼も夜も、共通の利害関係にある職場の同僚だけだ。こんな環境では、世の中のホットな動きも、いつのまにかマンネリ化した視点で、漫然と眺めるだけになる。

ところがある日、何を思ったかこの中間管理職は禁煙を始めた。と言っても最近は、壁に「禁煙」と貼り紙をして、独りでうんうんうなりながら続けるようなものでもないらしい。

彼はインターネットを使って行なわれている禁煙のネットワークに参加した。メールを使って、禁煙の苦しみを分かち合ったり、体験談を披露《ひろう》しながら頑張るというサークルのようなものがたくさんあるそうだ。「昨晩は、お得意さんとの酒の席で勧められ、思わず一本吸いそうになった」とか、「タバコを止めるとタバコの臭いが気になる」などなど、思いついたことを掲示板に載《の》せる。それに対して、励ましやアドバイスのメールが送られてくる。すべて匿名《とくめい》。自分がつけたハンドルネームで呼び合っている。

苦しいときを、お互いに励ましあって過ごすわけだから、強い連帯感が生まれ育つそうだ。彼の所属する禁煙ネットでも、親しい禁煙仲間が二〇人ぐらいできた。誰言うとなく一度集まりましょうということになり、都内のホテルで集まったそうだ。

お互いにハンドルネームと本名、職業などを披露する。驚いたことに、医者はいる弁護士はいる、中小企業の社長や、看護婦、主婦、彼のような中間管理職、女性のライター、ありとあらゆる職種が集まったそうだ。しかもみんな禁煙を通じて気心が知れた仲。これからもときどき会いましょうということで、彼は一度に一五人以上の異業種の知り合いができた。

半年に一度はみんなで会って、禁煙を続けていることを確認しあい、仕事の話などに関してお互いに情報交換をしているそうだ。

今彼は、彼の同僚に禁煙を勧めている。とにかく、会社の中だけでいろいろな話をしても刺激がない。さまざまな業種の人の話から、思わぬヒントを得られることがたくさんある。禁煙は、異業種の人と知り合う絶好の機会だというのだ。一石二鳥というのは、こういうことを言うのかもしれない。

このように何かひとつがきっかけになって違う世界が見えると、本当に今までの世界は何だったのかと思うようになる。視野は広い方がいいに決まっている。広い視野は、結局は広いつき合いの中で育つ。

外国に行くと日本のことがよく見えるようになる。社外に出ると、会社のことがよく見えるようになるはずだ。

「多面評価」に耐えられない上司の典型

あなたも部下を評価する。部下からもあなたの「上司ぶり」が評価される。そんな時代が来ようとしている。人事評価は、上からの一方的なものではなくなる。もし本当にそんな時代になるのだとしたら、業績を伸ばせない社長も株主総会で退陣を求められなくてはならない。社長を補佐できなかった役員たちも一蓮托生《いちれんたくしょう》だ。ここまでやるという流れの中でなら多面評価は意味があると思う。そうでなければお互いがお互いを監視しあう恐怖政治になりかねない。

とはいうものの、中間管理職としては、いつ「多面評価」が導入されてもいいように、今からできる準備をしておくしかない。

多面評価は、アメリカのビジネス界では当たり前になっている。しかしそれをいうなら、むしろ、「社長の首のすげ替え」という意識が、下まで降りてきていると考えた方がわかりやすい。アメリカのビジネス社会では、業績を上げられない会社の社長はクビになる。優勝できない日本のプロ野球の監督のクビが飛ぶのと同じだ。

上がこうだから、下もそうというように、会社のシステムの中で、しっかりした相互評価の基準ができている。ダメ課長は生き残れないが、ダメ社長も生き残れない。ぼくはこういうわかりやすいドライなシステムは嫌いではない。

仕事に対する緊張感は、上から下までもっていた方がいい。

しかし、日本の多面評価の取り組みは、ダメ社長が平気で生き残っていて、末端《まったん》の管理職のところだけを活性化しようとしているように見えなくもない。形を変えたイジメのようにも思えるのだ。

しかし、明日からうちの会社はこれでいくと決まれば、否応《いやおう》なく部下からの厳しい評価の目にさらされる。その日に備えて、できる準備はしておいた方がいい。と言っても、部下と飲みに行く回数を増やす、などということではない。

これまでの三つの章で書いたようなことを実践していくことだと思う。部下からの評価を気にするあまり、叱れない、言いたいことも言えない、部下に対する評価が甘くなるというようなことがあっては、何にもならない。

優勝できないプロ野球の監督は、人気があっても、結局はクビになる。管理職が部下の人気取りを意識してはいけない。管理職にはあくまで結果を出すことが求められているのだ。

では、どんなところに気をつければいいのだろうか。丸暗記して覚えておいてもいいような、うまい例がある。

あるプロジェクトが失敗した原因について、みんなが見る報告書にたった一言「部下のやる気のなさ」と書いた管理職がいたそうだ。こういう管理職は間違いなく、多面評価の時代には生き残れない。

この上司が、たとえばワンマン社長の息子のような立場の人間なら別だ。しかし、こんなドラ息子を管理職に据《す》えて、こんな報告書を書かせているようでは、会社そのものがもたない。だからどちらにしても、この管理職は生き残れない。

なぜだめなのかは、一目瞭然《りょうぜん》。自分の無能さを棚に上げて、部下を責めているからだ。唯我独尊《ゆいがどくそん》で、思いやりのかけらも感じられない。

敗因が部下の「やる気のなさ」というぐらいにしか理解できない管理職は、率直に言って、かなり厳しい立場にいると考えた方がいい。やる気のなさの具体的原因を探り、それを改善するのは、管理職の仕事の基本中の基本だ。

だいたい、「もっとやる気を出せ」などというのは、部下を叱る言葉にさえならない。そんなことを言われて出るぐらいのやる気は、すぐに引っ込む。言われて出るようなやる気は、本当のやる気ではないのだ。

的確な指示を出せない上司に限って、根性論を持ち出したがる傾向がある。「死ぬ気になればできる」とか、「男ならやってみろ」などという。こんな上司は、多面評価に耐えられないと、覚悟しておいた方がいい。

たぶんぼくは、極端なことを言ってはいない。自分の無能さを部下に押しつけない。それさえしなければ、落第点はつかないはずだ。あとはいかに自信をもって仕事をしていられるか、見られていることを意識して仕事をしていられるか、そんなプラスアルファの要素の積み上げ次第のはずだ。

部下をライバルだと思うことの利点

あなたは自分の部下をライバルと考えたことがあるだろうか。たしかにこれまでの日本のビジネス社会では考えにくいことだ。しかし能力主義で役職が決まるのであれば、明日あなたをデスクの前に呼び出すのは、あなたの部下かもしれない。「冗談じゃない、そんな目に遭《あ》ってたまるか」と、部下に仕事を教えない、伸びて来そうな部下は意識して潰《つぶ》す。そんなことをすれば、部下を育てられないダメ管理職の烙印《らくいん》が押される。だから、そんな姑息《こそく》なことを考えずに、部下を油断のならないライバルだと思う。ライバルは接し方次第で、鍛え合いもできれば、潰し合いにもなる。どうせなら鍛え合ってお互いに伸びていった方がいい。

これからの時代、いつまでも部下は部下のまま、などと考えない方がいい。あなただって同僚に負けまいと頑張り、上司に取って代わろうと努力を惜しまないはずだ。同じようなことを部下が考えていても何もおかしくはない。むしろそれが当然だと思っていた方がすっきりする。

日本もそれだけ実力が支配するようになったのだ。無能な上司でも、「上司は上司」と涙を呑《の》んで我慢して仕える必要はなくなりつつある。

たとえば相撲の社会では、兄弟子が弟弟子に稽古《けいこ》をつける。弟弟子は兄弟子の胸を借りて強くなり、最後に兄弟子を負かすようになれば、これが稽古をつけてもらった恩返しとされる。番付が入れ替われば、昨日と今日で関取と付き人の立場が逆転するということも日常茶飯《さはんじ》事の、厳しい世界だ。

もちろん兄弟子も、弟弟子の風下《かざしも》には立ちたくないから必死に頑張る。お互いに切磋琢《せっさたく》磨《ま》するいい関係が生まれる。ぼくはこの関係が、嫌いではない。

シンプルだし、それだけに合理的だ。強い者、実力のあるものだけが上にいけばいい。努力をすれば報われるというのは、後ろに続く世代に「努力しよう」という空気を生み出すいいシステムだと思う。

前に手柄は部下にみんなあげてしまえということを書いた。部下をライバルと思っても、手柄を渡してしまうのか。そう思う人がいるかもしれない。その通り。ライバルであっても手柄は渡してしまう。

あなたよりキャリアが違う部下と同等に闘うなら、部下にハンデをつける方がいい。ゴルフと同じだ。もちろん仕事のうえのことだから、あくまで心積もりの問題だ。心の中で部下にハンデを与える。「手柄は全部君にあげる。必要な手助けもしよう。それでどこまでできるのか見てみようじゃないか」。ざっとそんなことを、心の中で考えるということだろうか。

そのうえで、あなたが予想もしなかったアプローチで部下が仕事をしているなら、ああなるほど、その手があるかとわかる。人の仕事のプロセスをじっくり見ていると、利点や欠点が見えてくるものだ。参考にできるところは参考にする。

逆に、直した方がいいところは必要に応じてアドバイスする。ライバルだと思えばこそ、「自分ならあんなやり方はしないな」と自分のやり方を検証することもできる。だから、部下に仕事の方法は押しつけない。胸を貸すというのは、ぶつかってくる相手を真正面から受け止めて、稽古をつけるということだろう。

いえ　早いとは思いません　やれる自信はあります
僕自身の仕事量のキャパシティは　まだ充分あります

ムチをもって、自分の仕事のやり方を押しつけることではない。この接し方は、ライバルに対する接し方ではない。

伸びようとする者に手助けをしながら、自らの実力も蓄《たくわ》えていく。フィフティ・フィフティの接し方を意識しておくことだろう。そうはいっても実力に差があるから、ハンデをつけるというわけだ。

人間は誰からでも学べるし、その対象は多ければ多いほどいい。ライバルは多い方がいいのである。とは言っても、好んで周囲に敵をつくり、かたくなになって仕事をすることでないのは、わかっていただけることと思う。

部下もライバルとして扱う。これはある意味では、礼儀をもって部下と接するということにもなる。自分と同等の実力をもつものとして部下を遇《ぐう》するからだ。

もちろん、すべての部下をライバル視する必要はない。胸を借りにぶつかってくる伸び盛りの部下でよい。あるいは、部下の中に自分のライバルとなる特定の資質を見つけて、部下と自分双方の長所を伸ばす手掛かりにするのもいいかもしれない。適度な緊張感を持続しながら仕事を進めるうえでも、ライバルは意識しておいた方が得だ。

年上の「お局《つぼね》様」が部下になった時には

部下に自分よりも年長者がいるということも、年功序列社会の中ではあまり考えられなかった。時代の変化の中で、年長者の部下もきちんと使えることが管理職に求められるようになっている。一番最初の部下が、年上だったということもあるだろう。こんなとき、相手に見下されないようにしようと思うと、かえって気負《お》ってしまう。たとえば、相手は年上だが、万年係長。自分は大抜《ばっ》擢《てき》された課長などというような場合だ。こんなケースだと、とかく肩書でものを言おうとしがちになる。だがそれは最後の切り札《ふだ》だ。礼儀正しく誠意をもって接する。相手のプライドを優しく守れるのも、これからのいい上司の条件になると思う。

島耕作は、これまで何人か年上の部下をもっている。そのほとんどが、「この若造が」と、島を見下す態度をとる部下だった。たとえば、直属の上司である島を差し置いて、さらに上の上司に報告書を出すというようなことを平気でやる男もいた。

これでは自分の仕事ができないと感じた島は部下にこう言う。「その書類はぼくで決裁《けっさい》できるはずです。ぼくに回してください」。言葉はていねいに、指示はきちんと、有無《うむ》を言わせずに。

しかしこれはあくまで最後の手段。ふだんからこんなものの言い方をしないですむような人間関係を築いておく必要があるだろう。肩書を使って、業務命令として指示を出さなければならないときも、言葉遣いだけはていねいにしたい。

ぼくたちにはまだ儒教の文化が残っている。若いものが年長者に横柄《おうへい》な態度をとると周りにいる人も不愉快な気分になる。

その気はなくても、「えらそうに」と思われたら損だ。逆に、年上の部下にていねいな言葉遣いをするだけで、いい人柄だと思ってもらえる。どちらが得かはおわかりいただけるだろう。

さてもうひとつある。実は、わりと年上の部下になりやすいのは、女性なのだ。日本のビジネス社会は、なんのかんのといってもまだ男性優位の社会になっている。経験もあり、特定の仕事についてはエキスパートとも言える女性が、たいていどのセクションにも一人か二人はいる。

仕事は誰よりもできるのだが、上のポジションにはいけない。だから不満がたまっている人もいる。陰で「お局さま」などと呼ばれていたりする。実力はあるので歯に衣着《きぬ》せず、課長に対してもずばずばとものを言う。機嫌を損ねると、プイと黙って、わかっていることも教えてくれなくなる。若い女性に対しては、まるで自分が課長のように振る舞い、反感を買っている。ざっとこんなタイプだろうか。

新米の管理職にとっては、難しい相手だ。今の部長もかつては彼女に鍛えられたりしている。部長と冗談を言い合える仲なのだ。だから、うっかり文句を言うと、自分を飛び越して部長に苦情を言われるのではないのかと不安になったりもする。

こんな部下にはどう対処するか。やってはいけないのは、腫《は》れ物に触るように接することだろう。反対に屈服させてやるとばかり、頭ごなしにものを言ったり、あるいは無視をしても、うまくはいかない。

ぼくは、こういう人こそ、プライドを大切にしてあげたいと思う。多分、「お局さま」

を支えているのは、長年頑張ってきたという自分に対するプライドだ。これを傷つけるようなことをすべきではない。一人の人間としてそう思う。

だが、その課をまとめるために、女性に対する命令系統が二つあるというのはまずい。どこまでを彼女の仕事とし、どこからが自分の仕事かというケジメをつける必要がある。ぼくなら、少し時間をかけて観察し、ほかの女性社員の話も聞く。そのうえで、二人だけで話をする。

あなたにはこういう役割を期待したい、それについてはしかるべく処遇《しょぐう》してもらえるように上層部にもかけあってみる。しかし、この部分についてはぼくの仕事なので、ぼくにやらせてほしい。

ざっとそんなことを言うだろう。プライドを傷つけないようにして、仕事を割り振る。この年若いボスは自分をばかにしないし、ないがしろにしないとわかれば、力強い味方になってくれるかもしれない。冗談を言い合えるようになれば、いい関係が築けるはずだ。

「組織犯罪」で裁《さば》かれるのは誰か

政治家が不法な資金集めをしたり、献金を受けたりして発覚したとき必ずいう言葉がある。「自分は何も知らない、秘書が勝手にやったことだ」。誰が聞いても、そんなはずないではないかと思う。秘書に対して、しみじみと「気の毒にな」と思う。しかし、「よく政治家をかばった、えらい」とは思わない。そんなものだろう。同じことは、ビジネスマンにも言える。会社のためにと思って不正を働いても、発覚すれば、「会社は知らない。社員が勝手にやったこと」と言われる。かつては、それでも会社のために尽くすのが社員だと言われた。しかしそんなことはない。そんな時代は二十世紀とともに幕を閉じている。

「談合《だんごう》」は、そのままで世界に通じる言葉になっている。もう数年前のことだが、新聞におもしろい記事が載《の》っていた。某官庁に納入《のうにゅう》する船舶燃料をめぐる入札《にゅうさつ》談合の記事だ。最近はどの企業も表向きをはばかって、談合のための事前の話し合いは行なっていないことになっている。

したがって、談合各社が集まって入札価格を調整する会議の費用も、会社は出さない。でも談合はしなければならないということで、各社とも課長クラスが自腹《じばら》を切って、会議室を借りているのだという。

自腹を切らなくてはならないのだから、当然安い会議室探しに懸命になる。この入札談合に公取委《こうとりい》が踏み込んだのは、三時間で二六〇〇円という格安値段の貸し会議室だったそうだ。

ここに約二〇人が集まって、自腹を切って談合していた。そこへ踏み込んだ公正取引委員会の審査官に、出席していた全員が、独占禁止法違反で事情聴取を受けた。しかしこのような事態になっても、コメントを求められたある会社の経営幹部はこう言い放ったそうだ。

「そんな会は、存在すら知らない」。自分の会社の課長が出席していたにもかかわらず、このコメントだ。経費が出ないのでポケットマネーを出し、安い会議室を転々として会社のためにと談合を繰り返して、発覚すれば課長の責任。これでは浮かばれない。

しかもこの話、事件を起こした石油製品販売業界だけの特異《とくい》な体質ではないと誰でもわかる。まさに氷山の一角で、どの業界のどの会社も、談合を繰り返しては、見つかるたびに「社員が勝手にやったこと」と言い逃《のが》れているのだろう。

それでもまだ、談合を繰り返すのかと、聞いてみたい。特にトカゲの尻尾切りのように、発覚すれば、個人がやったことのように言われる中間管理職の人たちに聞いてみたい。会社のために、自分を犠牲にしても不正に手を染めるのかと。

えらそうなことを言う気はない。命令されれば、悪いことと知りつつやらなければならないのがサラリーマンだ。そのこともよくわかる。

それでも「いけない」と思えば、変えていける。そういう感性をもった人がこれからの管理職になっていくと期待したい。談合を繰り返す管理職は、言葉はきついが、そこまでの人間のように思う。

もちろん、進んで汚れ役を買って出て、出世していく人間もなかにはいるだろう。ただ、談合を必要悪と考えて、汚れ役を体を張って引き受ける人間が英雄視されたのは、過去のことだ。

今はどちらかと言えば、リスクばかりが大きな仕事をやらされて、文句も言えない気の弱い人間。あるいは、談合体質改善の提案が行なえない、発想力のとぼしい人間と見られかねない。

そんなふうに時代は変わりつつある。少しずつだがその方向に変わっていると信じたい。自分を犠牲にして、不正に手を染めるというのは、もう二度と流行《はや》らない。時代遅れなことを唯々諾々《いいだくだく》とさせられているのは、きっとおもしろくないだろう。

もっとおもしろいアイディアを出していけばいい。多分そういう新しい発想が、徐々に談合体質を変えていく。「こんなつまらないことをするより、違法じゃない、もっとおもしろい方法がありますよ」。そんなことを提案できる管理職がもうすぐ出てくる。

いや、もうどこかの業界では出てきているかもしれない。滅私奉公《めっしほうこう》よりも、これからは知恵の時代になるはずだ。

「オレが、オレが」という上司は淘汰《とうた》される

旧ソ連の独裁者、恐怖政治で国民を震え上がらせたスターリンは会議中に息を引き取った。会議室は一瞬静まり返り、その後、期せずして拍手が沸き起こったという。死んで拍手される人生とはいったい、何だったのか。上に立とうとする者はぜひ考えた方がいい。上司がリストラされて、部下が手をたたいて喜ぶ。こんなことにはなりたくない。スターリンのような独裁者だったのか。いやそんな指導力はなかったという。では、なぜ拍手が起こったのか。部下の数字を平気で横取りし、自分の成績として本社に報告していたからだ。このことを部下が本社に密告し、リストラの対象とされた。部下の拍手は、課長追い出しを喜ぶ拍手だったのだ。

部下の手柄を横取りするような上司は生き残れない。誰もが「それはそうだ」と思うだろう。そんなことは当たり前だと。ではなぜ、あらためて取り上げたのか。こんな管理職がまだいるからだ。

部下の数字を横取りする。企画案を横取りする。研究成果を横取りする。権力をかさに力でもぎ取ってしまう。取られた方ははっきりと取られたとわかる。しかし、部下が「課長、ぼくの数字を横取りしましたね」とはなかなか言えないものだ。

堂々と横取りをしていたら、これはもう確信犯。悪いと知ってやっているのを見せつけられたら、なおさら文句など言えるわけがない。言えば「何だと」とケンカになる。人は呆《あき》れ果てると黙り込むという性質もある。

だから泣き寝入りするしかなかった。これまではそうだった。しかしこれからは違う。会社は、何か口実を見つけては、増やし過ぎた中間管理職を減らそうとしている。「部下の手柄を横取りする」などということは、願ってもない口実になる。

おそらく部下が密告する。同僚の管理職も密告する。こんな上司がいなくなっても、誰も悲しまない。会社は本人にずばりと理由が言える。部下も陰で拍手する。追い打ちをかけるようなことを言えば、こうしてやめた管理職は、ただでさえ少ない再就職の機会がさらに減る。

こんなうわさはあっと言う間に社内に広がる。再就職先の人間がちょっと調べれば、誰もが教えてくれるだろう。「部下の手柄を横取りするような課長ですよ」。こんなことを言われては、次の就職先は決まらない。

だからおやめなさいと心から忠告する。時代は変わっているのだ。特に中間管理職は、部下の力とやる気を最大限に引き出して、チームをまとめあげる能力が求められている。後釜《あとがま》はたくさんいる。ちょっとふれたが、密告するのは部下だけではない。同じ管理職同士の方が、足の引っ張り合いは激しい。

それに、「多面評価」の時代であり、社長と社員が電子メールで直結する時代なのだ。密告などしなくても、部下も堂々と言いたいことを言える状況が整いつつあるのだ。

だいたいにおいて、楽をして自分の成績をあげようなどと考えるとロクなことにはならない。それは当然だろう。むしろ、部下の手柄を横取りして、平気で生き残っている管理職がいるということ自体がおかしい。

甘い会社であり、そのままでは生き残れない会社だ。

もしもあなたが、一度でもそんなことをしたとしたら、部下の前できちんと謝ることだ。黙ってほおかむりしていい問題ではない。ひどい上司と評判になるかもしれない。あるいは、そんなことがあったのかと部長に知られてしまうかもしれない。

それでも、きちんと報告し、謝った方がいい。謝れる人間ならまだ救いもある。やったことを帳消《ちょうけ》しにはできない。しかし部下に謝ったところから、やり直すことはできる。時間をかけて信頼関係をつくりなおしていくこともできるだろう。

謝れない上司はどうか。部下の冷たい視線を浴びながら、仕事をするしかないだろう。いつか忘れてくれるだろうなどと考えない方がいい。こんなことは一生涯部下の心から離れない。間違いなく、あなたの知らないところでうわさになっている。

いつどの方向から鉄砲玉が飛んでくるか。戦々恐々としながら毎日を過ごさなくてはならなくなる。

「仕事人間」にも二通りある

仕事が大好きな「仕事人間」を悪く言う風潮《ふうちょう》がある。「趣味は仕事」と言って憚《はばか》らない人を含め、ぼくはこんな人たちが好きだ。だって、仕事を大事にしないで、いったい何を大事にするというのか。仕事が好きなら誰憚る事なくそう言ってもいい。しかし、仕事が好きというのと、仕事の話しかしないというのは別だ。むしろ本当に自分の仕事が好きで、誇りをもって働いている人は、直接的な仕事の話はあまりしない。身近な経済の話や、最新の科学技術の話など、話題が豊富だ。おもしろくて、いきのいい話をする人にこそ、上手に仕事をこなす人が多いのだ。

これから活躍する管理職は、なんでもかんでも仕事に取り込めるような能力をもった人だと思う。必要な情報をインターネットを使って検索する能力をもっている。これは基本だ。

情報はただ「知っている」というだけではなく、必要に応じていくつかの情報を上手に組み合わせることができてこそ、価値が出てくる。これからは、そんな能力が求められると思う。

たとえばの話だが、家電メーカーで蛍光灯《けいこうとう》を販売するセクションにあなたがいるとする。外部の人間と会ったり、ネット上で顔も知らない人と話すとき、あなたは自社の蛍光灯の話しかしないだろうか。

もちろんそんなことはない。インテリアの話にも興味をもつだろうし、環境問題の話が出れば、使用済みの蛍光灯の処理にも興味がわくかもしれない。インターネットを使ったビジネスにどう参入していくのか。すでに参入していれば、どう改善していくのか。テーマは多方面に広がる。

これは製造の問題、これはお客様相談担当の問題などと仕分けをしてしまう必要はない。むしろそんなことは、しない方がいい。販売担当が製造部門にアイディアを提供することはいくらでもあるし、今後もますます広まっていくはずだ。

セクションの垣根《かきね》が低くなっている分だけ、幅広い知識や、感度のいいアンテナが求められている。そして、こういう人たちに共通しているのが、話題の豊富さなのだ。

仕事が趣味になると話題は豊富になる。こんな人が本当に仕事が好きな管理職なのだと思う。

本当の仕事人間はすぐれた社会通であり、温かみをもった人間通という人が多いのだ。どちらも、視野の広さが大切になる。

同じ仕事通でも、自社製品とか、自分のセクションの仕事にしか興味がないという管理職は、厳しい時代を迎えそうな気がする。仕事帰りに部下を誘い、これから自社製品をどう売っていくかとか、ライバル企業の商品とどう差をつけていくのかなどを熱心に話しても、多分同じような熱心さでは聞いてもらえない。

それよりは、ごみの分別収集で古くなった蛍光灯はどう捨てられるのか。不燃ごみか、危険ごみかなど、インターネットで調べた地域ごとの状況などを披露してみる。これからの時代、モノの捨てられ方から商品を考える感覚はかなり大切になるはずだ。

そんなことをさりげなく話しながら、部下の興味を広げていく。そんなことができる上司が、必要とされる上司になっていく。そこからリサイクルの問題や、環境問題などに話が進んでいけば、なおいい。

広い視野がもてれば、一見異なる二つの分野を無理なくつなぎ合わせることもできるだろう。「風が吹けば桶屋《おけや》が儲かる」ということわざがある。本来は、はなはだしいこじつけのことを指す。

でも、これだけ情報が発達した時代の中では、案外そんな発想が必要なのではないのかとも思える。ひとつの事象《じしょう》が思わぬところに影響を及ぼすこともある。大風が吹いているとき、誰も桶屋が儲かることまで思いは至らない。だとすれば、そこにビジネスチャンスがあるとも考えられる。

これはアイディアの問題かもしれない。でも、頭の片隅に仕事のことをおきながら、仕事と離れた話をしていると、大風と桶屋の関係が見えてくることもあるはずだ。だから意識して仕事以外の分野の話題を話す。

あえて仕事から離れた話題で話をしている時の方が、広い視野に立って仕事のことを考えていることが多いものだ。

かつての猛烈社員がまき散らす「老害《ろうがい》」

朝は誰よりも早く出社し、夜は遅くまで残って仕事をしている。こんな管理職が職場には必ず一人か二人はいる。部下は辛いだろうなと思う。せっかく早く仕事を片付けても、上司が残っていては帰り辛い。結局、上司に合わせるように仕事も遅くなる。こうして、八時間で終わる仕事を一二時間かけて行なう社員ができあがる。こんな上司や部下を見て、周りは「あの課は仕事ができる」と思うだろうか。きっと誰も思わない。「お役所みたいにのんびりした仕事をして、残業代を稼いでいるのだろうか」と思われるのがオチだ。会社に長い時間いる上司は、最近では仕事ができない管理職とみなされる。

「いったい、彼の家庭はどうなっているのだろう」。そんなふうに見られている管理職がいた。朝は一番に出てきて机に向かい、夜は一番遅くまで残業している。少し前の話だ。この人は役員たちからは、中間管理職の鑑《かがみ》と言われていた。

会社にすれば、残業手当を払わなくてすむ管理職が率先して残業をしてくれるのは、まことにありがたいことだ。経理課の課長で、真面目でおとなしい人だった。何回か、会社はこの課長を表彰しようとした。そのたびに課長は頑《かたく》なに辞退し、昇進の話も断って万年課長の座にいて、朝は早くから夜遅くまで働いていた。

この課長がある日突然、警察に逮捕された。会社の金を流用し、二重帳簿を作って、株に手を出していたのだ。一人でもくもくと働いていたのは、不正に金を動かすためだったとわかった。

表の顔と裏の顔をもつこの課長の、長年にわたる悪事を誰も気づかなかった。そんなこともある。

ここまでひどくなくても、あまり能力がない管理職がかつて常套《じょうとう》手段にしていたのが、「時間で稼ぐ」ということだった。早朝出勤と残業を日常的なものにする。すると、なんとなく仕事をやっているように見える。

効率の悪さを時間で補う、「時間で稼ぐ」管理職だ。それでも昔はこういう管理職も出世をした。真面目で、一生懸命会社に尽くすことが求められた時代だったのだ。「猛烈社員」などと呼ばれた人たちの中には、けっこうこんな人も交じっていた。

こういう社員が、部長や、取締役になって、昔の習慣から脱し切れず、早朝出社を繰り返す。ある会社は、社長と役員が始業時間の一時間前に出社してくるので、始業時間などはあってないようなものだそうだ。

出社すると、役員連中はすることがないので、時間まで新聞を読んでいる。女子社員は、お茶を入れなければならないし、ほかの社員も仕事をするふりをしなくてはならない。

遅刻、といっても正規の始業時間よりは前だが、役員より遅れて出社すると、新聞越しにちらりと見られる。みんな、これがたまらなくいやだと言う。早く仕事を始めても、早く帰れるわけではないので、能率は悪い。

言葉は悪いが、この会社の役員連中は「老害」をまきちらしている。今は効率を追求する時代だということが、理解されていない。こういう会社は、やたらに役員のハンコがべたべたと押された書類が社内を行き来しているような気がする。

備品の購入でさえ、ハンコがひとつ足りないから決裁できないと、総務課の社員が大騒ぎで役員を探し回るような会社だ。

ちょっと時代遅れのこんな会社もまだ案外多そうな気がする。誰か勇気がある管理職が出てきて、九時五時の勤務時間帯を徹底させるところから始めないと、効率のいい仕事はできないだろう。

管理職がそれを実践してくれなければ、なかなか社員はできない。でも、何とか会社を改革しようという管理職が現われて社長に直談判《じかだんぱん》してもなかなかうまくはいかないだろう。「君は何か勘違いしておらんか。効率のいい仕事をするのは当然だ。しかも朝早くから来てそれをやったら、よその会社の何倍も稼げるだろう」

お説ごもっともというしかない。でも、始まりと終わりがはっきりしているからこそ効率のいい仕事ができるのだ。ダラダラとやればやるだけ仕事が増えてくる状態の中で、誰がよその会社の何倍も仕事をしようと思うだろうか。

決められた時間の中でベストを尽くす。これが新しい時代のなかで個人に課せられるノルマだと思う。

「先頭に立って部下を引っ張る」のは、ベストではない

時間無制限一本勝負のような感じで仕事を続けると、体を壊す。あるいは精神を病む。人間の中には安全装置があるから、通常は体を壊すまでは働けない。しかし、責任が一人に覆《おお》いかぶさっていたり、トラブル処理を終わらせなければ、会社が莫大な損害を被《こうむ》るなどというとき、気づかないうちに安全装置を外して仕事をしている。先が見えてほっとしたとき、胃から血を吐くとか、脳の血管が切れるなどという事態が起こる。ひどい場合は後遺症が残り、仕事に復帰できなくなる。最悪のときは過労死で家族を絶望の淵《ふち》に追いやることになる。体を壊してまで行なう仕事は、仕事ではないと、心しておくべきだ。

登山にはペース配分が必要だ。どんな山に登るときでも守らなくてはならないペース配分の基本があるという。

登り三分の一、下り三分の一、ゆとり三分の一がその配分だそうだ。なるほどとうなずける。つまり、体力の三分の二の範囲で登って下りてくるという事だろう。仕事のペース配分もきっとこんな具合だ。

早朝出勤で仕事をしても、残業が続いても、三分の二の体力の範囲で行ない、ゆとりの部分は残しておく。

特に部下をもつ管理職の人は、「ゆとり三分の一」を心しておいた方がいい。自らこれを実践《じっせん》できれば、部下にもそれを指導できる。

就業時間内でベストを尽くすというのは、三分の二の体力を上手に使い切るということだ。ゆとりはいざというときのために残しておく。

たぶん、行き当たりばったりに仕事を進めては、ペース配分は難しくなる。きちんとした計画を立て、地図などの全体像が見渡せる計画表を持ち、常に今どこにいるのか確認しながら仕事を進めていくことが大切だ。

地図は部下全員に持たせるようにする。今自分はどこにいるのか。ハードな仕事をしているときは全体像を見失いがちになる。全体が見えずにハードな仕事をするほど辛いことはない。ペースはくずれ、あっと言う間に体力は消耗《しょうもう》する。

上司は、自分のペースを守りながら、同時に部下のペースも守る。登山のリーダーのような役割が必要になるのだ。

何人かでパーティーをつくって登山をするとき、基本的には先頭を歩くのは、サブリーダーと呼ばれるナンバー2だそうだ。体力的に弱い人を中に置き、サブリーダーはみんなの体力を考えながら、一定のペースで歩く。

リーダーは最後尾《さいこうび》について、全員の足並みを見たり、間違った道を歩いていないかなど全体を見渡しているそうだ。それに、最後尾を歩くのは、もっとも体力を使うのだそうだ。いくら先頭が同じペースで歩いても、真ん中の人たちのスピードは速くなったり遅くなったりする。

それがそのまま最後尾に伝わるので、リーダーはパーティーの速度に合わせて、速く歩いたり、場合によっては立ち止まって待たされたりする。つまり相手のペースに合わせて歩かなければならないというのだ。

その中で、ゆとりの三分の一を残す。たしかに経験が必要になりそうだ。

会社の上司も同じだろう。ひとつのプロジェクトを動かす場合、先頭に立って部下を引っ張るのは、案外簡単なことなのだ。自分のペースさえ守ればいい。

だが、うしろからついてくるメンバーたちは、樹の根につまずいたり、川を飛び越えたりと、障害物にあうたびペースを乱す。最後尾にいるものは、走ったり止まったりと大変だ。

だから、ある程度経験のある部下に先頭を任せ、自分は最後尾について、みんなの疲れ具合を見ながらチーム全体を見るという方法がいいのかもしれない。これなら、部下を過労死で失うという最悪の事態は避けられる。

自分も死なない、部下も死なせない。登山に限らず、これが優《すぐ》れたリーダーの鉄則だろう。

女性管理職に学ぶべき点

山登りのリーダーに求められるもうひとつの鉄則は、引き返す勇気をもつということだ。ヒマラヤ登山などは、ある種のプロジェクトと言っていい。人も資金も大量に投入されている。その中で計画を断念し、撤退を決める。いろいろな思いが頭をよぎることだろう。それでも、撤退しなければならないときがある。こんなときにリーダーが考えなくてはならないことはたったひとつ。部下を犠牲にしないということだ。会社のプロジェクトに部下の命はかかっていない。だからリーダーは、「進め、進め」と号令をかけたくなる。本当にそれでいいのだろうか。撤退する勇気、それも管理職には求められている。

ある女性の管理職に、男性管理職との違いを尋《たず》ねたことがある。彼女は笑ってこう教えてくれた。

「女性の方が、できないことはできないってはっきり言えるわね。開き直るとか、甘えるということじゃないのよ。直感でこれはどう考えても無理とわかる。だからそれはできませんと言える。男性はこんなときでも、やりましょうって言う。でも途中で引っ込みがつかなくなることが多いわね」

この話を聞いてぼくは思わずうなってしまった。女性のこの考え方、行動様式は、実は柔軟で、したたかに強靭《きょうじん》だ。しかし男性管理職は、やってみないかと言われてはっきりと「私にはできません」と言えるだろうか。

率直に言って、ぼくはそう言い切れる自信がない。

あるいは、できないことに挑戦したい、不可能を可能にしてみたいという思いがわくのかもしれない。もっとほんとうのことを言えば、そんなことを言ったらかっこうが悪いという思いもある。

だからついうっかり、「やってみましょう」と言ってしまうかもしれない。言ったあとで、猛然とファイトがわくだろう。しかし、あえて言えば、すでにここから、肩に力が入っている。部下をひとつにまとめようとしても、多分女性を中心にいろいろと不安の声が出る。物事を冷静に考えられる上司なら、ここで「まずいことをしたかな」と思うはずだ。だが、結局最後は「ぼくは引き受けて来たんだ」と言わざるを得ない。「私はできません」と断った女性の管理職は、お手並み拝見とばかりに見ているだろうなと、余計なことも考える。

滑《すべ》り出しがこんなだと、なかなかうまくいくものではない。けっきょくあっちにつまずき、こっちで失敗しと、さんざんな目に遭う。何とか形を整えても、最終的には採用されないということになる。

公共事業ではないが、動き出したらなかなか止まらないのが、プロジェクトだ。だからこそ、撤退する勇気をもつ。どこで撤退するか。一番いいのは動き出す前ということになるだろう。女性の管理職が言うように、「直感的に難しい」と見分ける力を身につけるしかない。

たぶんこれは、慎重になって手を出さないということではない。この女性管理職の場合、失敗する姿がぼんやりと見えているのだと思う。

登山家の田部井《たべい》淳子《じゅんこ》さんが、何かのインタビューに答えてこんなことを言っていた。

「私は、七割の成功が信じられなければ、計画を実行しない」。七割とは、微妙繊細な数値だ。六割では少しリスクが大きすぎる。八割では臆病になる。だから多分七割だ。

しかし、その七割を見抜くのはある種の直感力だろう。これが確実に見えていれば、撤退か前進かの大きな目安になる。

これからの時代、管理職に求められるのは、そうしたしなやかで強靭な、ある種の直感力なのかもしれない。

なぜ、「退職」という選択肢《し》をもつのか

アメリカのビジネス社会では、転職を繰り返しながら、より重要なポジションについていく。当然のことだが、リストラも日常的に行なわれる。しかし、彼らがしたたかなのは、そんな連中が集まってパーティーを行ない、情報交換をしているということだ。アメリカのＩＴ産業もバブルが弾《はじ》けて、技術者の大量解雇が始まっている。会社をクビになった人たちを対象にして会員制のパーティーを立ち上げ、これが大好評を博しているというニュースを読んだ。なんとそこには、会員のふりをして企業の就職担当者も入り込み、人材のスカウトも行なわれている。ぼくがアメリカのビジネス社会に憧れるのは、こうしたドライでしたたかな底力なのだ。

残念ながら、と言ってもいいだろう。日本ではまだ転職がそれほど一般的になっていない。だから、会社は景気が悪くなると、従業員を雇ってやっているのだという顔をする。無理難題をふきかけたり、我慢を強《し》いたりする。

しかし、そうなった責任の多くは、経営陣にあるはずだ。ここを棚に上げて一方的に従業員に犠牲を強いるというのは、いかがなものかと思う。アメリカのように、無能な経営陣が排除されるシステムができなければ、本当のリストラにはならないと思う。

そうは言っても、リストラの対抗策を考えておかないと、いざというときに困惑する。「治にいて乱を忘れず」が、ビジネスマンの嗜《たしな》みだ。

ではどうすればいいのか。会社を辞めるのもひとつの選択肢として視野に入れておくということだろう。それが部下のためになるのか。ぼくはなると思う。卑屈な思いをして仕事をするな。「必要のない能力」としか見られないなら、必要とされる舞台を探して、そこで頑張る。そんな生き方を見せるのも、これからの上司にとっては必要なことなのかもしれない。

会社が傾くと、有能な社員から逃げ出していくという「法則」があるのをご存じだろうか。

もうだいぶ昔だが、ある新聞社で合理化の一環として社員の希望退職を募った事がある。会社としては、いいかげんな、やる気のない社員が辞めてくれればいいと期待したことだろう。ところが、蓋《ふた》を開けてみたら、希望退職に応じたのは、会社が残ることを期待した有能な人材ばかりだったのだ。

この人たちは、何より会社の将来に絶望した。技術も能力もあるから、同業他社から引き合いもある。しかも退職金は通常より何倍ももらえるということで、移ってしまった。会社にすれば、有能な社員に持参金《じさんきん》をつけてライバル会社に献上した形になってしまったわけだ。

この法則はどんな時代にも生きている。リストラの嵐が吹くと、嫌気《いやけ》がさした有能な人材は逃げ出して行く。もちろんリストラのやり方次第だろうが、社員を「高いコスト」としかみないような合理化なら、辞めるということを選択肢のひとつとして会社を見ることも大切だ。

すぐれた人材を必要としている会社はたくさんある。能力さえあれば、やりがいのある仕事は見つけられるはずだ。

最初から会社に残ると決めているから、無理難題を上からオーダーされても断ることができないのだ。前に書いた女性の管理職のように、できないものをできないと割り切るためには、退職という選択肢を頭のどこかに持っていることが役に立つはずだ。

そんなことを言ったらリストラの対象にならないかと首をすくめるより、経営のつまずきを従業員に押しつけて危機を乗り切ろうとするところに問題がないかどうかを見据《す》えてみる必要もある。

その中に、会社の再建策や不況乗り切り策のヒントが隠されているかもしれない。経営者の立場に立って、自分ならどうするのか、自分ならなにができるのかと考える習慣も、頭の片隅に入れておくといいかもしれない。

辞めさせられるかどうかと考えると、暗くなる。もっとポジティブに今の自分になにができるかを考えていれば、退職はひとつの選択肢になる。

「ほんものの忠誠」とはどういうことか

企業に忠誠を尽くせというと、いろいろな意見に分かれるだろう。では、仕事に忠誠を尽くせと言われたらどうか。古くさいと言われるかもしれないが、ぼくは自分の仕事に忠誠を尽くしたいと思っている。そんなことを口にするのは多少気恥ずかしいのだが、それでも心からそう思っている。自分の仕事に誇りをもっているから、同じように誇りをもって仕事をしている人が好きだ。「食べるために、しかたなくやっているので、遊んでいるときが一番幸せ」という人はあまり信じない。どんな仕事も何か世の中の役に立っている。忠誠を尽くすとは、自分の仕事が、どこかで世の中の役に立っていると信じることでもある。

ぼくが上司なら部下に、会社に忠誠を尽くせとは教えない。でも自分の仕事に誇りをもて、誇りある仕事に忠誠を尽くせということは言うだろう。もちろん、そんな生《なま》な言い方はしないが。きっとそんなふうなことを部下に伝える。

ぼくは学校を出てほんの一時期、大手の家電メーカーに勤めていたことがある。その会社の基本理念に社会奉仕ということがあった。若かったぼくは、何を生ぬるいことを言っているのかと反発したものだが、今ではまったくその通りだと思っている。

若いころには気づかなかったことが、年齢や、経験とともにだんだんと見えてくることがある。自分の仕事がどこかできっと世の中の役に立っていると思えるとき、この仕事をしていてよかったとつくづく感じる。

そして、このことはどんな仕事にも共通して言えることだと思う。およそ、世の中のために役立たない仕事などはない。もし、今自分のしている仕事が、そうではないと思うのなら、もう一度胸に手を当てて考えてみる。

それでも、世の中の役に立っていないと思うのなら、その仕事は辞めた方がいい。そして、あらためて何か役に立つ仕事に就く。

本当は前の仕事も世の中のために役立っているのかもしれない。しかしそれが見いだせないのなら、その人にとっては、役立っていないのと同じことになる。誇りももてなければ、忠誠心も育たない。

なぜ仕事をしているのかと考えてみたとき、金儲けのためということしか思い浮かばなければ、寂しすぎる。

会社が儲かるためには何をしてもいい。利潤《りじゅん》がすべてで、ほかは要らない。こんなことを押しつける会社だったら、ぼくなら辞める。部下に、「うちは慈善《じぜん》事業をやっているわけではないぞ」などとはっぱをかける上司がいる。

言葉のあやなら聞き逃す。しかし、管理職にある人が本気でそんなことを考えているとしたら、ちょっと古い。まさに今の企業には、慈善事業の精神こそ必要なのだ。世の中の役に立つことなら、たとえ儲からないことでもあえてやる。そんなスタンスこそ求められているのだと思う。

きれいごとを言おうとしてるわけではない。バブルのころ、儲かっている企業がよくやった慈善事業のばらまきが大切だ、と言っているわけではない。新しい世紀は、もっと真剣な、地域社会やその時代と密接に結び付いた儲からない仕事が、企業の命運を分けていく。そんな感じがしているのだ。

介護保険制度に根差したビジネスがその典型だろう。ＩＴ関連産業も、儲かりそうもない分野をいかに見いだしていくかが、勝敗を分ける気がする。バブル真っ盛りのときのように、土地を投機《とうき》の対象にして、儲け話にだけうつつをぬかすような時代はもう来ない。企業が社会奉仕をちゃんと口に出せるような、そんな時代がくるにちがいない。

未来を信じるなら、明るい方がいい。やがて正直者が得をする時代がくる。そう信じて、ひるまずに、誇りをもって自分の仕事に取り組もう。そんな上司を部下は心強く思って見ているはずだ。

エピローグ

どんな上司が高収入を得るのか

自ら望み、選ばれてなる上司は、これまでの中間管理職のイメージとは明らかに異なる。組織の中の歯車の一部というよりは、自立した部門の責任者、自己責任で目標をクリアーする経営者的な感覚が求められる。

責任が重くなる分、収入も多くなるはずだ。これはある意味では当然のことと言えるだろう。年功序列型の賃金は、いわば生涯賃金を年齢で加重《かじゅう》配分していたような体系となっていた。

しかし能力給を中心とするシステムは、プロ野球選手の年俸感覚とよく似ている。個人が提供する能力を会社が評価して賃金が決まる。

誰ももっていない特殊な能力、あるいは会社の業績向上に対する貢献度、目標達成による成功報酬などが、基本賃金にプラスされることになる。頑張って結果を出せば、収入は何倍にもなる。

努力やアピールの仕方によって、収入のアップ率が変わってくる。それが自己責任型の管理職に対する賃金だ。アピールの仕方によっても賃金が変わるというのは、今まではなかったことだ。なぜそんなことをしなくてはならないのかとか、ゴマスリがうまければ賃金がアップするのかと、不安になる人もいると思う。

そんなことはない。しかし、自分の仕事の評価については、きちんと報告できる能力が求められるだろう。場合によっては、会社は部下から見たあなたの評価も求める。

プロジェクトは大きな成功を収めた。しかし、上司の判断ミスがなければもっと短期間でできたなどということが部下の報告で明らかになれば、年収はダウンする。場合によっては管理職を降ろされる。

それが自己責任型の社会での上司と部下の関係になる。自分が関係した仕事について、自分の行動、部下の行動の両面で客観評価が下せる。そういう能力も求められるようになるだろう。

ここをおろそかにすれば、自分だけでなく、部下の成功報酬さえもフイにしかねなくなる。プロ野球選手の年俸交渉と同じような交渉が、ビジネスマンの社会でも行なわれるようになる日がやがてくるのではないのか。

その日に備えて、自分がやった仕事は、きちんと客観評価できるようにしておきたい。

「一社で骨を埋める」よりも楽しくなる

アメリカのビジネス社会は、会社を変わるたびに出世していく。アメリカにも、ＭＢＡ（経営管理学修士）の資格をもつビジネスエリートがいる。財務や経営戦略といった専門知識だけでなく、人事や労務管理まで守備範囲に含まれる。

こうしたビジネスエリートも、生涯に三つか四つの会社を転々とし、知識や経験を磨きながら、経営者への階段を上っていく。すぐれた人材の引き抜きもひんぱんに行なわれる。有能な人材を抱える経営者は、人材が外部に流出しないよう、常に気を遣っていなくてはならない。

終身雇用制度が崩れつつある日本のビジネス界も、やがて有能な人材の流動化が一般的になるのではないだろうか。ぼくはこれは単純にいいことだと思う。

なぜって、ひとつの会社にいて、十年一日のごとくに同じことをしていたら飽《あ》きがこないだろうか。ビジネスは、いつも新鮮でわくわくするものの方がいい。その方が楽しいに決まっている。

ぼくはそう思う。今は、転職の機会が少ないからみんな我慢しているだけなのだ。我慢しているうちに、こんなものかと諦《あきら》めているだけなのだ。そんな気がする。労働市場が今よりもっと流動化するのは、経営者にとっては神経を使う大変な事態かもしれない。でも、働く者にとっては、デメリットよりメリットの方がはるかに大きい。

何より、経営側との立場がより対等になる。いくら努力しても、成果は会社のもので個人にはなかなか還元《かんげん》されない。それが今の日本の経営システムになっている。この要因のひとつは、労働市場の固定化にあると思う。

今いる会社を離れてしまえば、なかなか次の就職先は決まらない。これを知っているから経営側に、従業員を「使ってやっている」という意識が生まれる。有能な人材を低コストに抑えて使っているという状況も生まれる。

労働市場がもっと流動化し、一社で骨を埋めるということがなくなれば、経営側もおちおちとはしていられなくなるはずだ。

「島耕作タイプ」が普通になる

今よりもっと労働市場が流動化すれば、上司と部下の関係も変わってくる。終身雇用と年功序列が基本の従来型の会社組織の中では、上司と部下の関係は固定化していて、よほどのことがなければ逆転しない。

でも一社で骨を埋めることがなくなれば、上司と部下の関係も容易に逆転する。かつての上司が、別の会社では自分の部下になるということもあるだろう。そうなると、「一生この上司についていく」などという、ウェットな関係は消えてなくなる。

もっとドライで、ビジネスライクなつき合いだ。

島耕作と部下の関係がそうだ。部下はあくまで仕事上の部下。だからお互いにプライベートなことには関与しない。ただし、相談をもちかけられれば、できる範囲で協力を惜しまない。そんなさらっとした関係だろうか。

これからはこんな関係が広がっていくような気がする。言い方は悪いが、兄貴分・弟分のような濃密な関係はだんだん姿を消していくのではないのか。

しかし、ぼく自身はこんな濃密な関係を嫌いではないのだ。人がいいだけが取り柄という万年課長は、かつてはどの会社にもいた。部下の面倒をよく見、結婚するとなると仲人《なこうど》なども買って出る。その部下が自分を追い越して出世していくのを、我がことのように喜んでやる。そんな課長だ。

いろいろな人に話を聞いても、残念ながら、今はこういう課長はほとんどいなくなってしまっている。絶滅の危機に瀕する希少《きしょう》価値のある課長なのかもしれない。

あるいは二十一世紀は、島耕作のような上司が普通になるのかもしれない。一定程度部下との距離をおいて仕事をしていくタイプの上司だ。ドライでクールで、女性にもてる。でも、そんなタイプばかりではつまらない。

個人的には、絶滅の危機にある、涙もろくて部下思いという、人情家タイプの管理職も頑張って生き抜いてもらいたいと思う。

ウェットでホットで、鈍臭くて女性にはもてない。でも部下には絶大の信頼を勝ち得ている。そんな旧式な上司の下で働いても、のびのび仕事ができるに違いない。

ひるんでいる暇はない

時代は変わっても、中間管理職のポジションは、上から押さえ付けられ、下からは突き上げられる。そんなポジションだ。そして、責任だけは重くなる。率直に言って割りのいい仕事とは思えない。

それでもあなたは、「上司」をやるだろうか。ひるまずに、「やる」と言ってほしい。人間関係の中で揉まれながら、それでも部下や自分のために、自分なりの上司を演じると言ってほしい。

そう、これからの上司は請《こ》われてなり、引き受けて演じるものだ。より大きな舞台で大きな仕事をしようと思えば、どうしても中間管理職の時代に思いきり、揉まれなければならない。

これは時代が変わっても変わらない。上から押さえられ、下から突き上げられるなかで、上司と部下の関係はどういうものかが、見えてくる。自分なりのやり方もわかってくる。頭で考えたり、本を読んで学ぶより、人間関係にまみれてみることだ。

人の渦《うず》の中でもがいてみることだ。ここでひるめば、管理職としてのあなたの人生はいったん幕を閉じる。独立して一人で仕事を始めるか、もう一度誰かの部下になって鍛え直すか、選択肢はそう多くはない。

繰り返すが、上手に部下が使えなければ、もっと大きな舞台で大勢の部下を使うことはできない。部下に信頼される力を蓄《たくわ》えなければ、部下を幸せにすることはできない。部下が幸せになれなければ、上司の幸せなどないのだ。

この時代、人を幸せにすることなどなかなかできない。あなたの力でそれができるなら、男冥利《みょうり》、女冥利に尽きるではないか。

せっかく請われて舞台に上がるのだ。一世一代の名演技を見せて、部下から「課長の下で働けて幸せでした」と言わせるぐらいになってみればいい。

肩肘《ひじ》張らずに、ポイントだけきちんとおさえて自然の演技を心掛ける。あなた自身の持ち味を出せればそれでいい。誰もがいい上司になれる資質をもっている。うまく表現できるようになれば、今よりもっと大きな仕事を楽しくできるようになる。

ひるまずに、あなたの部下と進んでほしい。

（この作品『ひるむな！　上司』は、平成十三年二月、
小社ノン・ブックから四六版で刊行されたものです）

一〇〇字書評

切り取り線

購買動機（新聞、雑誌名を記入するか、あるいは○をつけてください）	
□（　　　　　　）の広告を見て	
□（　　　　　　）の書評を見て	
□ 知人のすすめで	□ タイトルに惹かれて
□ カバーがよかったから	□ 内容が面白そうだから
□ 好きな作家だから	□ 好きな分野の本だから

●最近、最も感銘を受けた作品名をお書きください

●あなたのお好きな作家名をお書きください

●その他、ご要望がありましたらお書きください

住所	〒				
氏名		職業		年齢	
新刊情報等のパソコンメール配信を 希望する・しない	Eメール	※携帯には配信できません			

あなたにお願い

この本の感想を、編集部までお寄せいただけたらありがたく存じます。今後の企画の参考にさせていただきます。Eメールでも結構です。

いただいた「一〇〇字書評」は、新聞・雑誌等に紹介させていただくことがあります。その場合はお礼として特製図書カードを差し上げます。

前ページの原稿用紙に書評をお書きの上、切り取り、左記までお送り下さい。宛先の住所は不要です。

なお、ご記入いただいたお名前、ご住所等は、書評紹介の事前了解、謝礼のお届けのためだけに利用し、そのほかの目的のために利用することはありません。またそのデータを六カ月を超えて保管することもありませんので、ご安心ください。

〒一〇一・八七〇一
祥伝社黄金文庫編集長　萩原貞臣
☎〇三（三二六五）二〇八〇
ohgon@shodensha.co.jp

祥伝社黄金文庫

祥伝社黄金文庫　創刊のことば

「小さくとも輝く知性」――祥伝社黄金文庫はいつの時代にあっても、きらりと光る個性を主張していきます。

真に人間的な価値とは何か、を求めるノン・ブックシリーズの子どもとしてスタートした祥伝社文庫ノンフィクションは、創刊15年を機に、祥伝社黄金文庫として新たな出発をいたします。「豊かで深い知恵と勇気」「大いなる人生の楽しみ」を追求するのが新シリーズの目的です。小さい身なりでも堂々と前進していきます。

黄金文庫をご愛読いただき、ご意見ご希望を編集部までお寄せくださいますよう、お願いいたします。

平成12年(2000年)2月1日　　祥伝社黄金文庫　編集部

ひるむな！　上司《じょうし》　二人《ふたり》以上《いじょう》の部下《ぶか》を持《も》つ人《ひと》のために

平成18年7月30日　初版第1刷発行
平成21年2月5日　第3刷発行

著者　弘《ひろ》兼《かね》憲《けん》史《し》

発行者　竹内和芳

発行所　祥《しょう》伝《でん》社《しゃ》
東京都千代田区神田神保町3-6-5
九段尚学ビル　〒101-8701
☎03（3265）2081（販売部）
☎03（3265）2080（編集部）
☎03（3265）3622（業務部）

印刷所　萩原印刷

製本所　ナショナル製本

造本には十分注意しておりますが、万一、落丁、乱丁などの不良品がありましたら、「業務部」あてにお送り下さい。送料小社負担にてお取り替えいたします。

ISBN4-396-31410-8　C0195

祥伝社のホームページ・http://www.shodensha.co.jp/